Otto Klemperer

Bruno Walter
Salzburg, August 1949

Hans Knappertsbusch

Fürst. ‏
5.8.48.

Siegfried Wagner

Max Reinhardt.
29. August, 27.

22.4.28

Leopold Kohr

Fritz Schuschnigg
8.VI.34.

1.7.1936

Le roi s'amuse
König Eduard im „Café Bazar"
Auch Kronprinz Humbert in Salzburg

Salzburg. (Eigener Bericht des »Montage«.) Samstag Abend um 23.03 Uhr traf Prinz Umberto ein. Er wurde vom Bundeskanzler Schuschnigg begrüsst und stieg in »Hotel Europe« ab. Am Sonntag morgen war das Interesse der Bevölkerung völlig auf den italienischen Fürstenbesuch konzentriert, als plötzlich um 10.29 Uhr mit dem Orientexpress der englische König Eduard VIII eintraf. Er stieg in bellegramm...

In Salzburg hat der Fürstenbesuch selbstverständlich grösstes Aufsehen verursacht. Die ganze Stadt beflaggte sich festlich. Die Pressefotografen hatten es nicht leicht, denn es war verboten, den englischen König zu knipsen. Als einige Fotografen den König durch die Scheiben des Cafés aufnehmen wollten, wurden sie daran gehindert.
Prinz Umberto wohnte am Nachmittag der Aufführung von Jedermann...

Wallis Windsor

Edward
Duke of Windsor   VIII-17-56

Hans Dichbyer

(Nicht in Gesellschaft dieses Herrn)   19.VI.58

SALZBURGER KAFFEEHÄUSER

Salzburger Kaffeehäuser

Verlag Alfred Winter

Vor- und Nachsatz: Widmungen aus dem Gästebuch des Café Bazar
Gestaltung: Edmund Rilling

ISBN 3-85380-040-8
© Copyright by Verlag Alfred Winter
Salzburg 1984
Abdruck, auch auszugsweise,
nur mit schriftlicher Zustimmung des Verlages

Satz: Die Setzerei
Reproduktionen: Repro-Studio
Druck und Bindung: Druckerei Roser
alle Salzburg

Mit Beiträgen von:
Leopold Kohr
Franz Klingspigl, Herausgeber
Fotos von Michael Krieger

Bundespräsident Dr. Rudolf Kirchschläger und Leopold Kohr am 19. Juli 1983 im Café Tomaselli (SN, Andriska)

Von den vielen Kaffeehäusern, die es in Salzburg gibt, sind zwei weltberühmt: das Tomaselli und das Bazar. Wie in alten Zeiten geht man auch heute noch in Österreich in ein Café; weniger, um Mahlzeiten oder Getränke einzunehmen, als über einem kleinen Braunen, einem Einspänner oder einer Tasse Kaffee mit oder ohne Schlagsahne in klubähnlicher Behaglichkeit Zeitungen zu lesen, oder ohne die Notwendigkeit einer Verabredung Freunde zu treffen.

Zu meiner Zeit ging man auch hin, um während der Mittagspause oder nach Arbeitsschluß eine Partie Schach zu spielen, Prüfungen vorzubereiten, wenn man ein Student war; Romane, Artikel, Theaterstücke und Musik zu schreiben, wenn man sich als Schriftsteller oder Komponist das Leben verdiente, oder Umstürze zu planen, falls man sich als Revolutionär fühlte. Schubert schrieb einige seiner unsterblichen Lieder auf der Rückseite von Rechnungszetteln, die der Kellner gerne kassierte, nicht so sehr, weil er Verständnis für Musik als Mitleid für den armen Kerl mit den runden Augengläsern hatte. Und als der österreichisch-ungarische Außenminister im Jahr 1917 Nachricht von einem Umsturzplan in Rußland erhielt, war alles, was er zu sagen hatte, die schmunzelnd amüsante Frage: „Wer wird schon in Rußland Revolution machen? Der Herr Trotzki vom Café Central?" Ja, auch Revolutionen konzipierte man im Café.

Die Universalproduktivität der Kaffeehausatmosphäre war nicht zuletzt dem Kellner zu verdanken, der in Österreich immer mehr als bloß ein dienstbarer Geist war, der seinen Gast bewirtete. Er war auch sein Ratgeber. Er war sein aufmerksam zuhörender Psychoanalytiker und – in seiner diskreten Höflichkeit, Sympathie und Geduld – der unaufdringliche Bekräftiger seiner Moral. Im Gegensatz zu vielen heutigen Kellnern in der von Touristen überfluteten Welt, die ihre Kunden gern wie kleine Dakkel behandeln, sah der Kellner von damals seine Aufgabe darin, in seinem Gast ein Gefühl der Bedeutung wachzurufen, wie das bei einem großen Geigenspieler der Fall ist, der ebenfalls in seinen Zuhörern das Gefühl der Größe hervorruft. Denn wenn ein Künstler von Statur es der Mühe wert findet, für seine Zuhörer sein Bestes zu geben, dann muß auch in den Zuhörern etwas Großes liegen.

Ein österreichischer Kellner hatte auch die Gewohnheit, seinen Gast als „Herr Doktor" anzureden, lange bevor man noch den Titel hatte, oder als „Herr Baron", wenn man nur ein „von" war. Ab und zu hatte das zur Folge, daß ein Student aufs Weiterstudieren verzichtete. Denn wenn der Kellner ihn ohnehin schon wie einen Doktor behandelte, warum sich weiter mit Medizin, Philosophie oder Jus plagen? So etwas kam allerdings nur selten vor. Den meisten Gästen gelang es trotzdem, ihr Gleichgewicht zu bewahren, auch wenn sie vom Kellner wie Fürsten und Fürstinnen behandelt wurden.

Der Respekt war allerdings beiderseits. Die Gäste behandelten den Kellner ausnahmslos wie einen Chef. Schon sein bloßer Titel, „Herr Ober", bezeichnete höheren Rang, wie etwa bei einem Obergerichtsrat oder einem Oberleutnant. Und oft war er auch tatsächlich eine Person höherer Ordnung, wie etwa der Rolf, der Oberkellner des seinerzeitigen Café Schindler in Innsbruck. Der war einer der damals seltenen Angestellten, der nebenbei auch an der Universität inskribiert war. Ich glaube kaum, daß ich jemals mein Jus absolviert hätte, wenn er zwischen den Tassen Kaffee, die er servierte, nicht auch als mein Einpauker fungiert hätte. Aber seine Größe zeigte er in seiner Eigenschaft als Kellner, nicht als Student. Als er schließlich sein Doktorat erhielt, dachte jeder, er würde Rechtsanwalt werden. An Klienten hätte es ihm sicher nicht gemangelt. Aber zur großen Erleichterung seiner treuen Gäste blieb er bei seinem alten Metier. 6 Jahre später sagte er mir: „Was hätte mir eine Laufbahn als Jurist noch zusätzlich bieten können? Als Kellner habe ich alles: Anerkennung, einen guten Ruf und darüber hinaus das Beste von allem – die Zuneigung meiner Gäste."

Aber der berühmteste Oberkellner in Österreich muß zu meiner Zeit der Fritz Wiltner vom Café Bazar in Salzburg gewesen sein. Er war schon damals zu einer Figur in so manchem deutschen, französischen und englischen Roman geworden. Nur wenige kannten den Namen des Besitzers des Bazar. Aber jeder kannte den Fritz – Stefan Zweig, Max Reinhardt, Marlene Dietrich, der Herzog von Windsor, Herbert von Karajan, Hans Moser, der König von Schweden, Franz Léhar, – und jeder verehrte ihn.

Ob man unbedeutend oder eine Größe war, Fritz gab jedem das Gefühl, er sei eine Weltberühmtheit, deren Inkognito er taktvoll respektierte. Wenn man sich niedergeschlagen fühlte, mußte man nur ins Bazar gehen, um seine Zuversicht wiederhergestellt zu sehen, wenn Fritz sich mit einer Geste von unglaublicher Grazie und Würde grüßend verneigte. Sein Sohn, einer meiner Rupertiner Schulfreunde, wurde ein distinguierter Jurist. Aber Fritz blieb zeitlebens der Oberkellner vom Café Bazar und zeigte in dieser Eigenschaft, daß Größe ein Attribut der Vollendung ist und nicht, wie man heute glaubt, des Berufes, den man ausübt. Ein großer Kellner ist größer als ein schlechter Advokat.

Der Grund, warum ich diese Erinnerung aus meiner Vergangenheit zu Papier bringe, ist, daß ich oft an Fritz denke, wenn ich im palmen- und strandumsäumten Terrassencafé des Caribe Hilton-Hotels in San Juan in Puerto Rico sitze, in dem ich alle Rekorde der Gasttreue gebrochen haben muß, denn seit Jänner 1955 habe ich 20 Jahre lang in gut österreichischer Art während meines Frühstücks praktisch jeden Sonntag meine wöchentlichen Spalten für *El Mundo* und *The San Juan Star* geschrieben, und darüber hinaus auch so manches Kapitel meiner Bücher. Von nichts unterbrochen als den lautlos servierten Tassen Kaffee und den beruhigenden Blicken auf die Brandung, die das schützende Korallenriff in dramatisch weiße Wasserwolken zerstäubte, war meine Arbeit im Caribe Hilton beträchtlich produktiver als in meinem Büro an der Universität.

Eine der Hauptattraktionen dieses einzigartigen tropischen Strandhotels ist natürlich seine Lage. Aber was mich gleich von allem Anfang noch mehr anzog, war der „Fritz" seines Terrassencafés, Américo Méndez, der zwar weniger bekannt ist als sein berühmter Salzburger Kollege vom Bazar, aber vielleicht in diesem Massenzeitalter einer der letzten ist, der die ehrwürdige Tradition seines Berufes aufrechterhält, seinen Gästen das Gefühl zu geben, daß sie etwas bedeuten und seine Aufmerksamkeit auch wirklich verdienen.

Puerto Rico hat auch andere herrlich gelegene Cafés, aber es fehlen ihnen die Musen, jene zauberhaft beschwingten, nichtzahlenden Gäste, die sich mit Nektar und Ambrosia begnügen. In keinem der anderen findet man jenen persönlichen Akzent oder die undefinierbare Geste, die sich nicht übertragen läßt, weil sie nicht von einer Institution, sondern von einem Menschen kommt, dem die Bewirtung seiner Gäste weniger Arbeit als Freude bereitet. Und das ist es, was Américo so besonders auszeichnet.

Er kennt meinen Geschmack. Er reserviert mir meinen Stammtisch, von dem er weiß, daß ich ihn zu meiner Inspiration brauche. Er schützt mich vor Geschäftsmethoden, die, um den Umsatz zu heben, dem Gast die Rechnung bringen lassen, bevor er noch seinen Kaffee ausgetrunken hat, um in ihm das Gefühl zu erwecken, daß sein weiteres Verbleiben genau so willkommen ist wie die russische Besetzung in Afghanistan. Aber trotzdem weiß er natürlich genauso wie ich, daß, wenn er mehr Gäste hätte, die, wie ich, seine luxuriöse Palmenterrasse nur dazu benützten, bei einer einzigen Tasse Kaffee und einer einzigen Scheibe Toast drei Stunden lang zu meditieren und Artikel zu schreiben, nicht nur er, sondern auch Konrad Hilton Bankrott machen würde.

Leider verurteilt unser Zeitalter des Massentouristen und des Massenmenschen überhaupt, den Stand des Meisterkellners von der Art von Fritz oder América zum Aussterben. Der Grund dafür ist nicht zuletzt der, daß die Gäste selber eine gute Bedienung bei dem heutigen Andrang entweder nicht mehr erwarten oder nicht mehr schätzen, weil sie trotz allem Gerede von Ebenbürtigkeit auch den Kellnerberuf nicht mehr schätzen, in der Annahme, daß der, der andere bedient, auf einer tieferen Stufe steht als der, der sich bedienen läßt. Dadurch erniedrigt sich aber auch der Bediente. Denn worauf es ankommt, ist nicht, was man im Leben tut, sondern wie man es tut. Wie es unter Ärzten und Malern Meister und bloße Handwerker gibt, so gibt es das auch unter den Kellnern, und die Ebenbürtigen, wie bei den Göttern auf dem Olymp, sind nicht die Berufe oder Stände, sondern die Meister.

Wenn man daher, wie in früheren Zeiten, im Gastgewerbe wieder große und großartige Bedienung haben will, muß man, ebenfalls wie in früheren Zeiten, auch wieder den Kellner ehren. Und was ich als ersten Schritt in diese Richtung vorschlagen würde, ist: Nach dem Muster Hollywoods jedes Jahr dem besten Kellner einen „Oscar" zu verleihen, den man in Erinnerung an die fürstliche Bedienung des alten Bazars einen „Fritz" nennen könnte.

Leopold Kohr

Leopold Kohr schrieb diesen Beitrag vor über 20 Jahren in Puerto Rico und hat ihn nun für dieses Buch übersetzt. Er hat an Gültigkeit nichts verloren!

Wann und wo der Kaffee zuerst getrunken wurde, ist nach wie vor ungewiß. Fest steht jedenfalls, daß bereits um 1500 im Vorderen Orient dieses Getränk weit verbreitet und überaus beliebt war. Allerdings war sein Genuß nicht unbestritten. Der Gouverneur von Mekka, Khai Beg – eingesetzt vom Sultan von Ägypten – war der Erste, von dem berichtet wird, daß er ein Gesetz erließ, demzufolge der Genuß des Kaffees verboten sei. Nachdem aber der Sultan dem Getränk nicht abhold war, hob er postwendend das Gesetz wieder auf und gab zudem die Weisung, die Arbeit des Gouverneurs einer Inspektion zu unterziehen. Das Ergebnis soll mit dem Todesurteil für Khai Beg geendet haben.

Aber nicht nur im Orient war der Kaffee Streitpunkt religiöser Eiferer; auch in Italien, wohin er erstmals durch einen Gelehrten namens Prospero Alpini, der um 1580 Ägypten bereiste, gekommen sein soll und durch fahrende Kaufleute weiter verbreitet wurde, so daß er schließlich im Vatikan landete, wurde er überaus kritisch betrachtet. Konnte doch ein Getränk der ungläubigen Moslems unmöglich etwas für Christenmenschen sein. Es blieb schließlich Papst Clemens VIII. überlassen, ein Machtwort zu sprechen, und dank seines Segens wurde der Kaffee auf europäischem Boden salonfähig. Im Jahre 1645 öffnete das erste italienische Kaffeehaus seine Pforten.

Der türkische Botschafter machte im Nachbarland Frankreich den Kaffee zum Modegetränk, und ein Armenier schenkte 1672 in seiner Lokalität diesen „Geist des Himmels", wie ihn die Orientalen nannten, aus.

Ein Jahr danach regten sich in England die ersten Gegner wider das Kaffeehaus.

. . . ein Kaffeehaus ist eine mal puritanisch, mal karnevalmäßig eingerichtete Versammlungsstätte. Sie wird von Leuten besucht, die den ganzen Tag über gesoffen haben, um für den letzten Penny, den sie besitzen, den Anschein zu erwecken, sie seien stocknüchtern und ordentliche Menschen.

Die Diskussionen pro und kontra im Lande der notorischen Teetrinker führten dazu, daß seine Majestät Karl II. von England auf Drängen der Regierung zur Ansicht kam, Recht und Ordnung seien durch das Trinken von Kaffee ebenso bedroht wie Sitte und Moral. Er erließ am 23. Dezember 1675 ein Dekret mit dem Zwecke der Schließung sämtlicher öffentlicher Kaffeehäuser.

... uns ist nicht verborgen geblieben, daß die meisten Kaffeehäuser, die in den letzten Jahren in unserem Königreich ihre Pforten geöffnet haben und die von Müßiggängern und ähnlichen nichtnutzigen Personen besucht werden, einen schlechten und gefährlichen Einfluß nicht nur auf die Vorgenannten, sondern sogar auf ehrbare Handelsleute, Handwerker und andere achtbare Bürger ausüben, die hier ihre Zeit totschlagen, anstatt ihrer ordentlichen Beschäftigung nachzugehen, wie es ihre Pflicht wäre.

Seine Majestät fiel mit diesem Erlaß bei der Bevölkerung in Ungnade. Es gab Unruhen, die Öffentlichkeit empörte sich, und nur wenige Tage nach der Verkündigung nahm der König diesen Erlaß wieder zurück!

Den gleichen Weg wie nach England, nämlich über Handelsherren, nahm der Kaffee nach Deutschland, wo er 1675 Friedrich Wilhelm, dem großen Kurfürsten von Brandenburg, kredenzt wurde.

Die Existenz eines „bürgerlichen Cavsieders" in Österreich wird namentlich durch einen gewissen Johannes Diodato im Wien des späten 17. Jahrhunderts belegt. Noch früher wird allerdings einem Isaak de Lucca, ebenfalls in Wien, ein Kaffeehaus zugeschrieben, so daß die Legende von den von den Türken belagerten Wienern, dem herannahenden Entsatzheer unter Führung des Polenkönigs Johann III. Sobieski und dem mutigen Botengänger Franz Kolschitzky, der sich als Lohn für seine Heldentaten die zurückgelassenen Säcke mit

Kaffeebohnen erbat, eben doch nur eine Legende bleibt.

In Salzburg kamen die Vorreiter des Kaffees, wie könnte es auch anders sein, vom Hofe des Erzbischofs. Dort agierte, lange bevor das erste Kaffeehaus seine Pforten öffnete, ein „Confekt-Coffee-Meister".

Später bewarben sich zwei Italiener und der Savoyarde Jean Fontaine um die Lizenz, Ciocolata, Coffee und andere Getränke verkaufen zu dürfen. Der Italiener Coribini und Fontaine erhielten eine; Fontaine findet ein geeignetes Lokal in der Goldgasse Nr. 5. Allerdings dürfte die wirtschaftliche Entwicklung von Salzburgs erstem Kaffeehaus nicht gerade rosig gewesen sein, denn die Tochter Fontaines verkaufte 1729 die ererbten Befugnisse an den hochfürstlichen Herrn Kammerheizer Hruby. Diesem folgte der Kaffeesieder Anton Staiger nach. Er installierte, noch zu Mozarts Zeiten, eine Schokoladenerzeugung und kaufte die „Zillersche Behausung am Alten Markt", an deren Stelle heute noch das Café Tomaselli steht.

Der Name Tomaselli, heute aus Salzburg nicht mehr wegzudenken, taucht in der Chronik der Stadt 1781 auf. In Rovereto 1758 geboren, kam er als Gesangslehrer nach Salzburg und betrieb so nebenbei in der heutigen Getreidegasse, damals Tragasse 24, ein kleines Kaffeehaus. Sein Sohn Karl erwarb im März 1852 von der Enkelin Staigers das „Café Staiger". Er kaufte auch das kleine Grundstück am Ende des Alten Marktes im Schatten der Residenz und betrieb dort den Kiosk Tomaselli, der bis heute nichts an Beliebtheit verloren hat.

...Es erweist sich immer mehr, daß das Kaffeehaus ein ebenso symbolischer Ort war wie der Shakespearsche Wald: was sich dort nicht abspielt, spielt sich nirgends ab. Exit Titania, Enter Puck, Oberon. Alle durch die Drehtüre...

(Friedrich Torberg)

Im Zeitalter des Waldsterbens eine Momentaufnahme zu machen, einzelne prächtige Bäume des Shakespearschen Waldes und das Leben und Treiben in ihrem Schatten und Geäste festzuhalten, waren die Überlegungen, die zum Entstehen dieses Buches führten. „Denn", um noch einmal Torberg, jenen wohl größten österreichischen Kaffeehauschronisten, zu zitieren: „...stehst du einmal vor den verschlossenen Türen aller Kaffeehäuser, so ist dies das Ende der Welt."

Franz Klingspigl

Glockenspiel

Tomaselli

KIOSK TOMASELLI IN SALZBURG IM ERÖFFNUNGSJAHRE 1859.

Tomaselli

Tomaselli

Glockenspiel

Tomaselli

Tomaselli

Tomaselli

Tomaselli

Tomaselli

Tomaselli

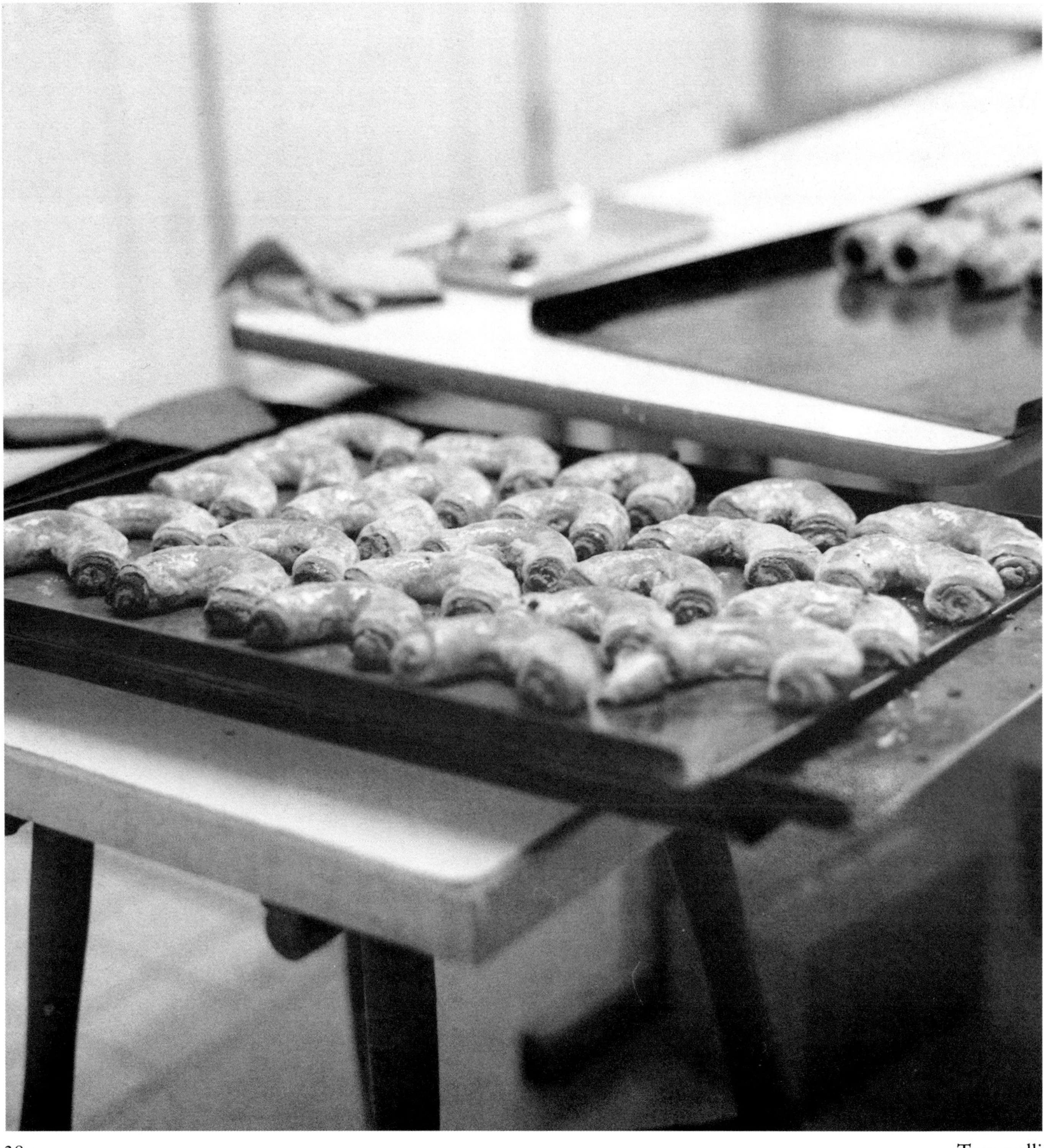

Tomaselli

Bazar

Tomaselli

Tomaselli

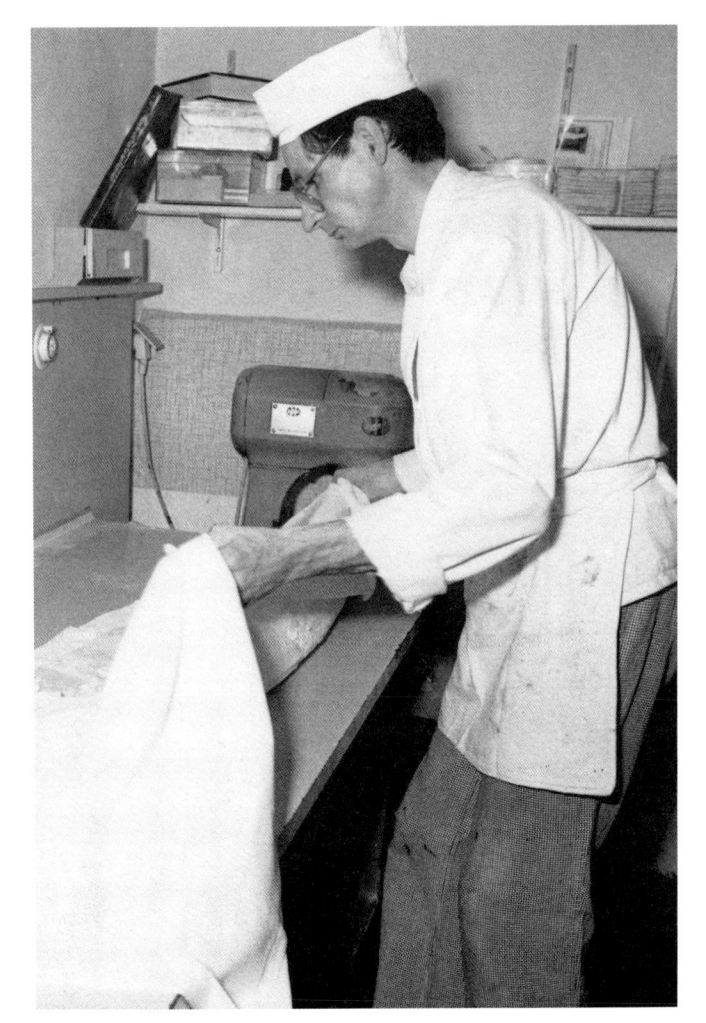

Bazar

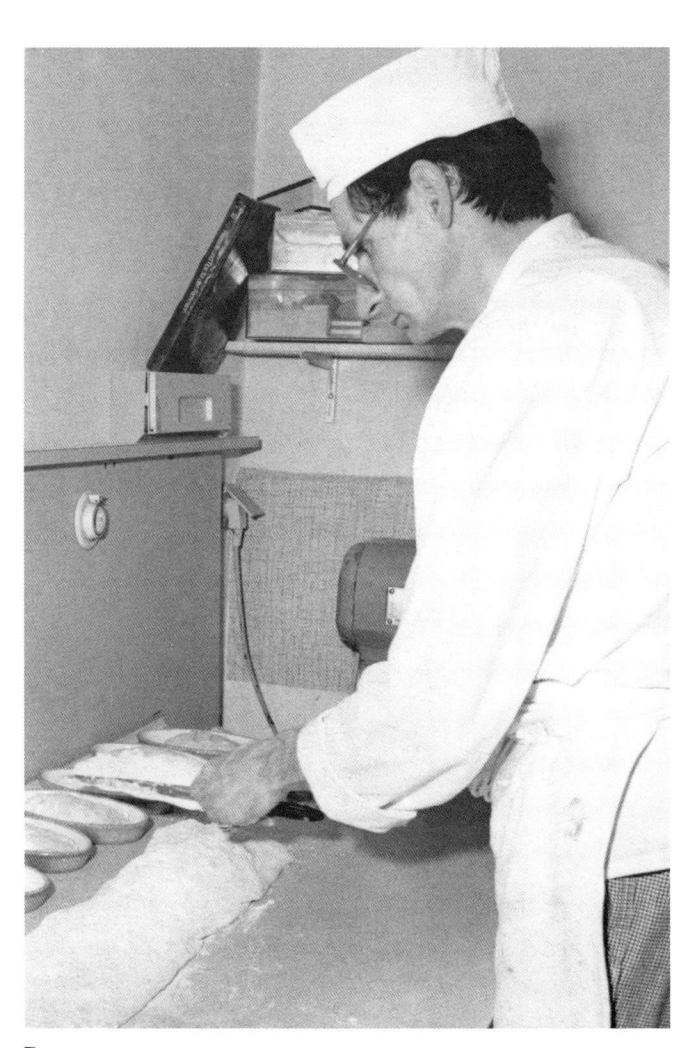

Bazar

Tomaselli

Tomaselli

Tomaselli

Mozart

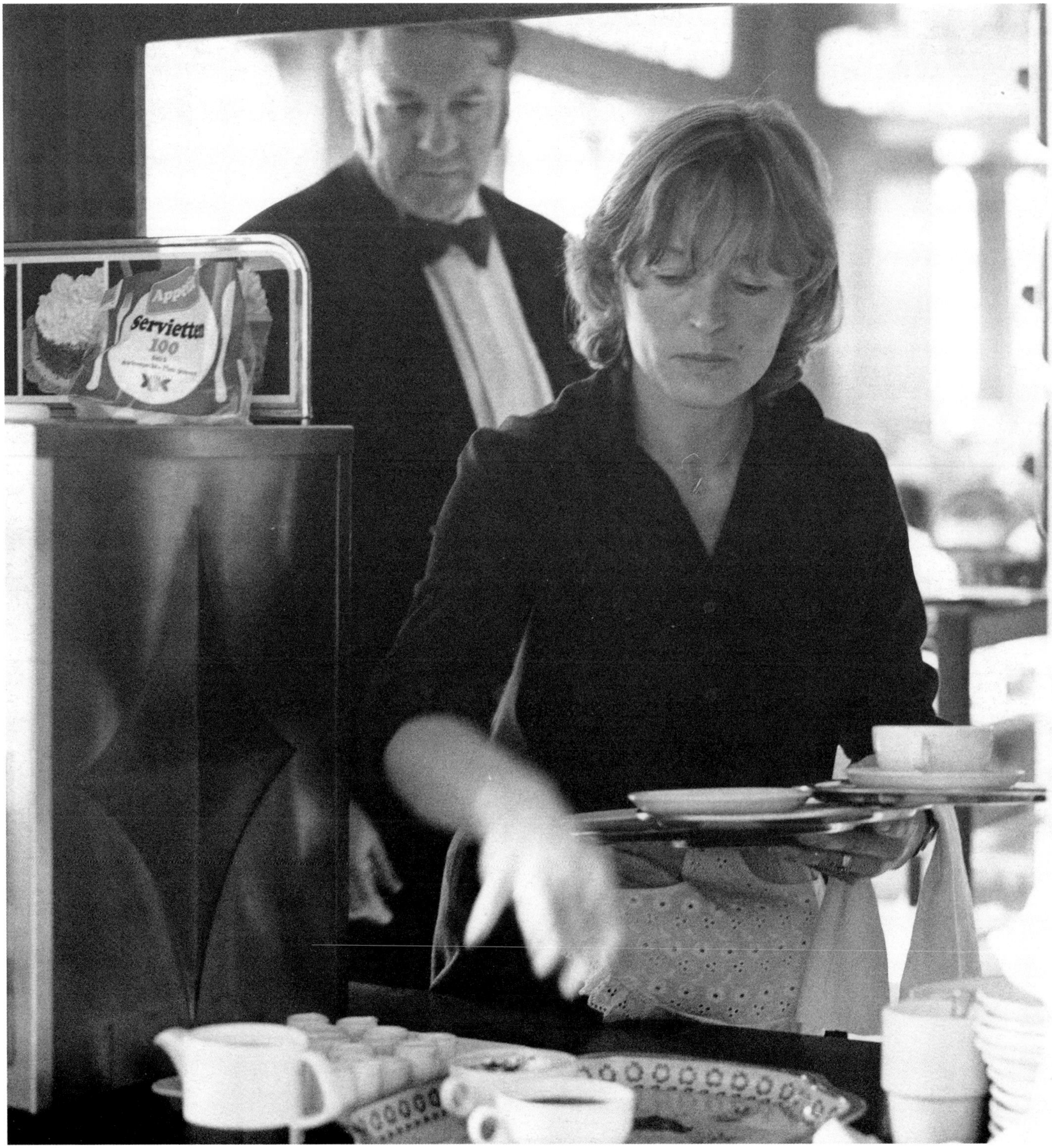
100

Mozart

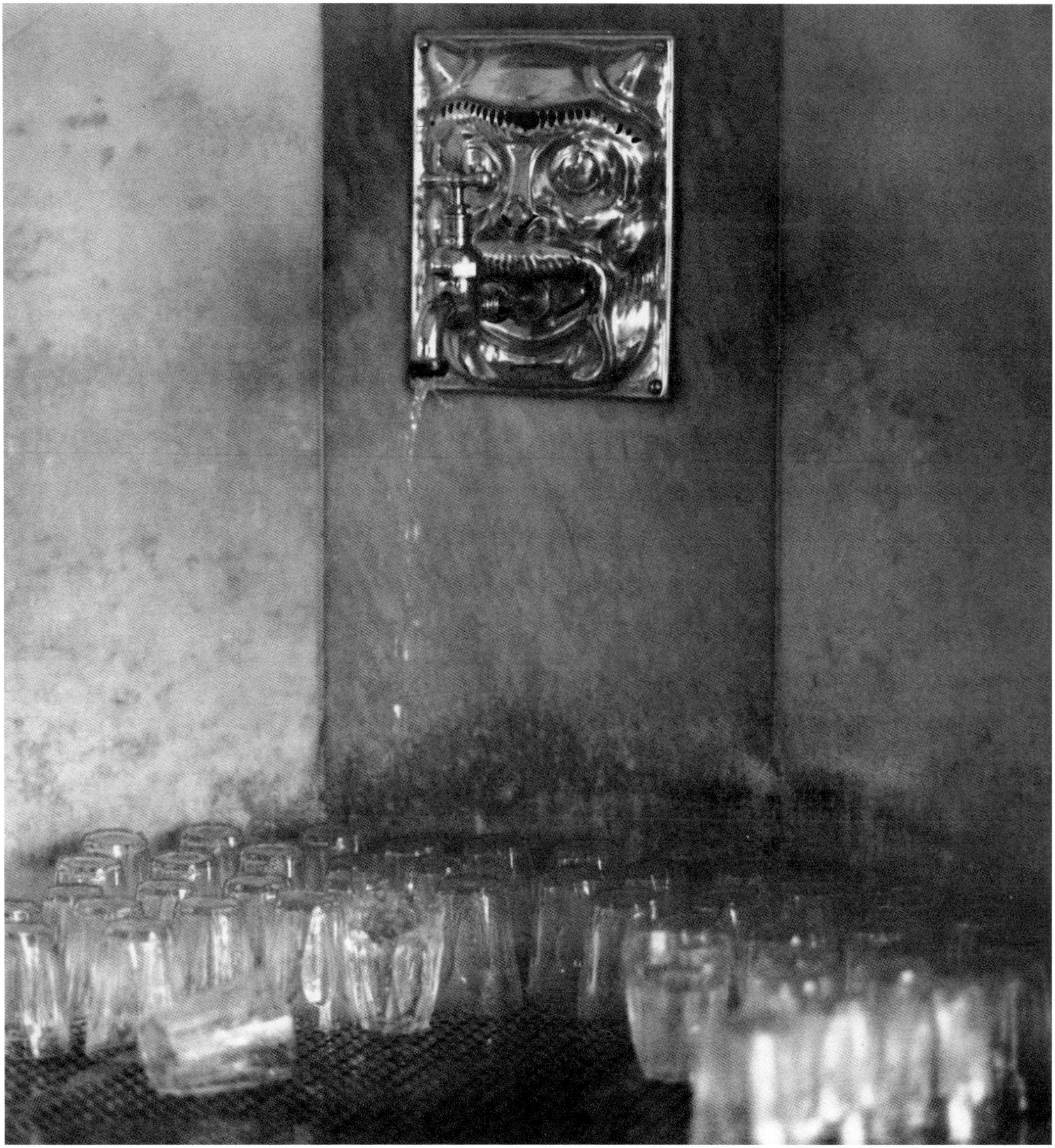

Bazar

Bazar

Tomaselli

Tomaselli

Tomaselli

Bazar

Bazar

Bazar

Tomaselli

Tomaselli

Bazar

Tomaselli

Tomaselli

Bazar

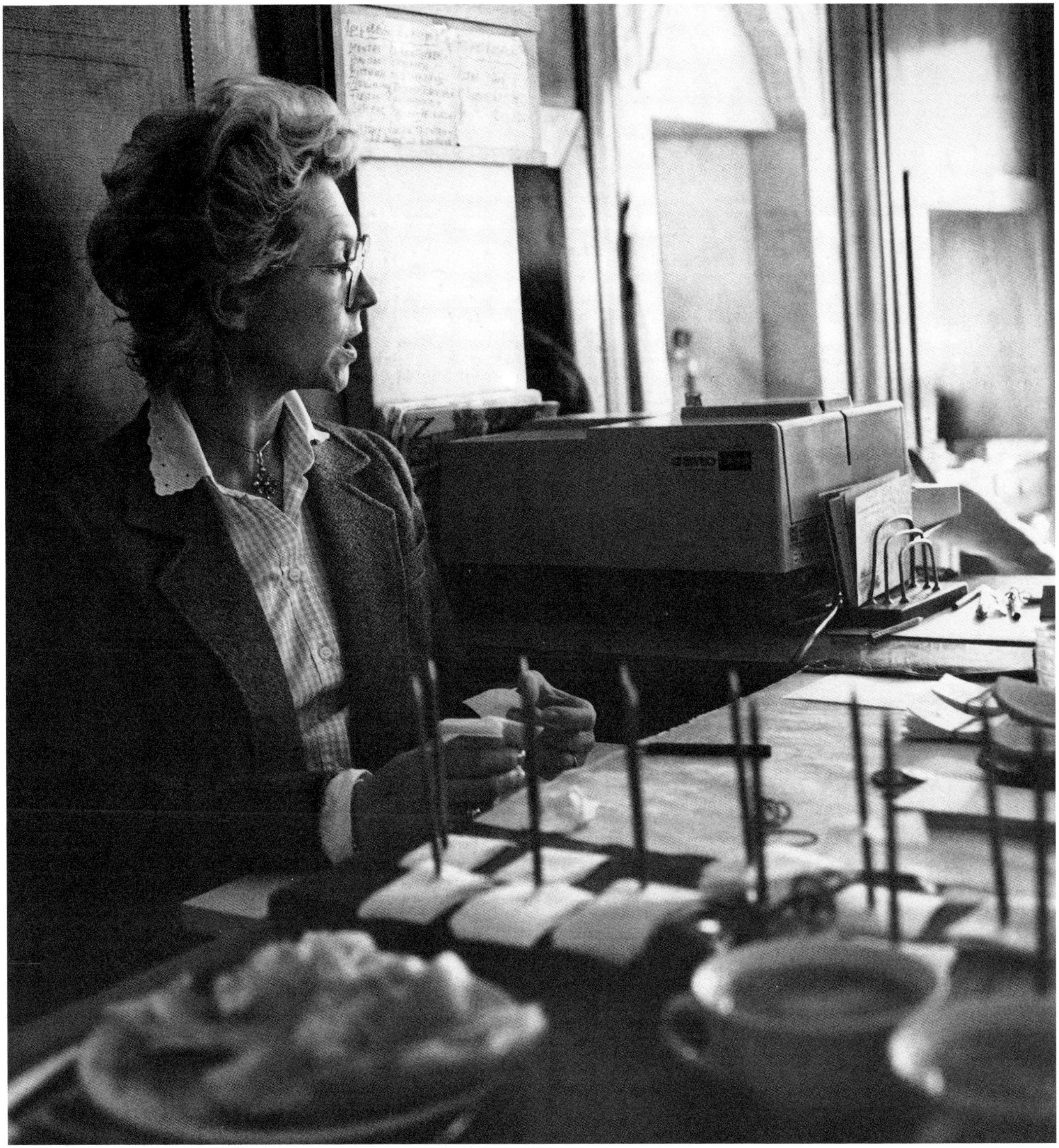

Bazar

Bazar

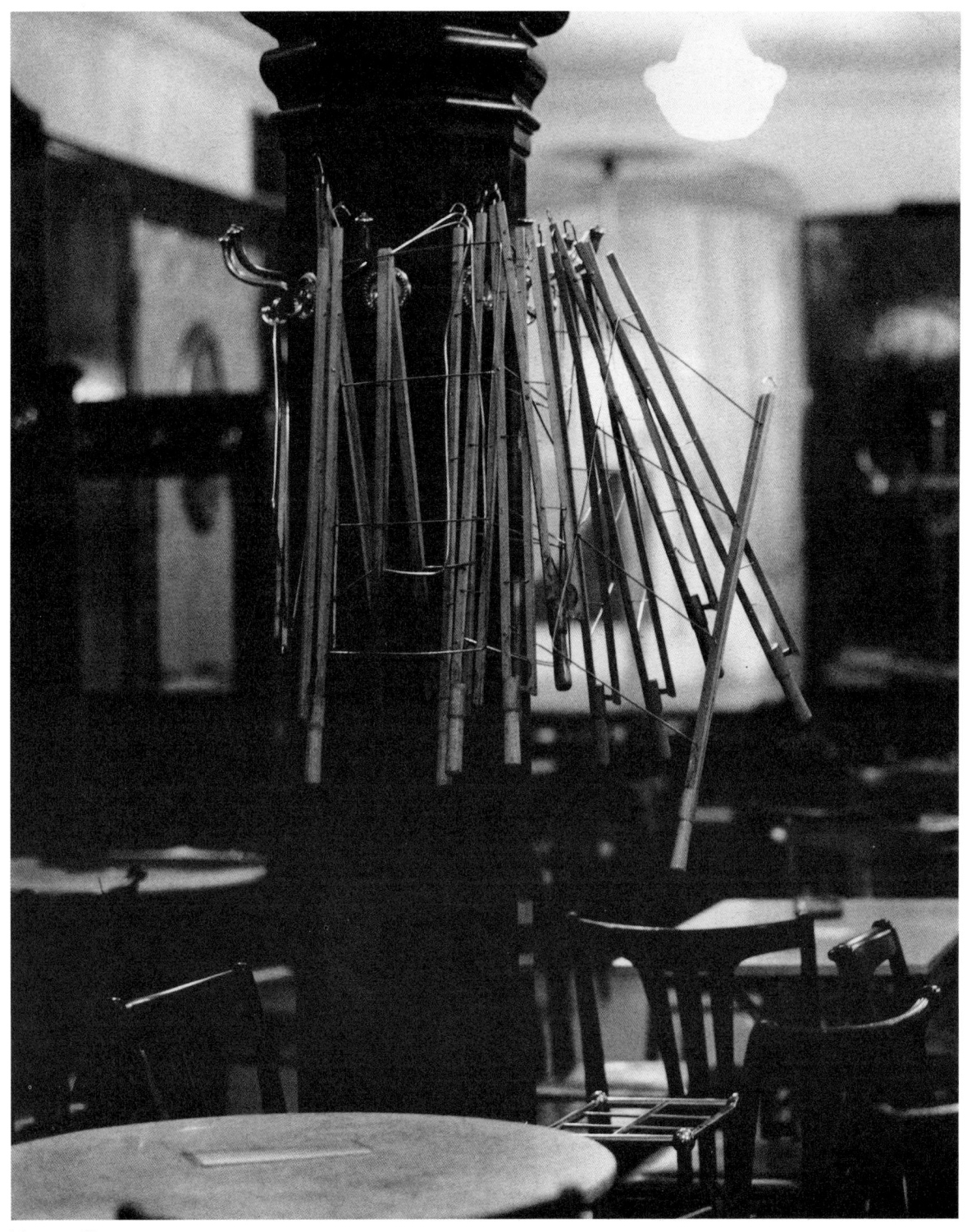

Tomaselli

Tomaselli

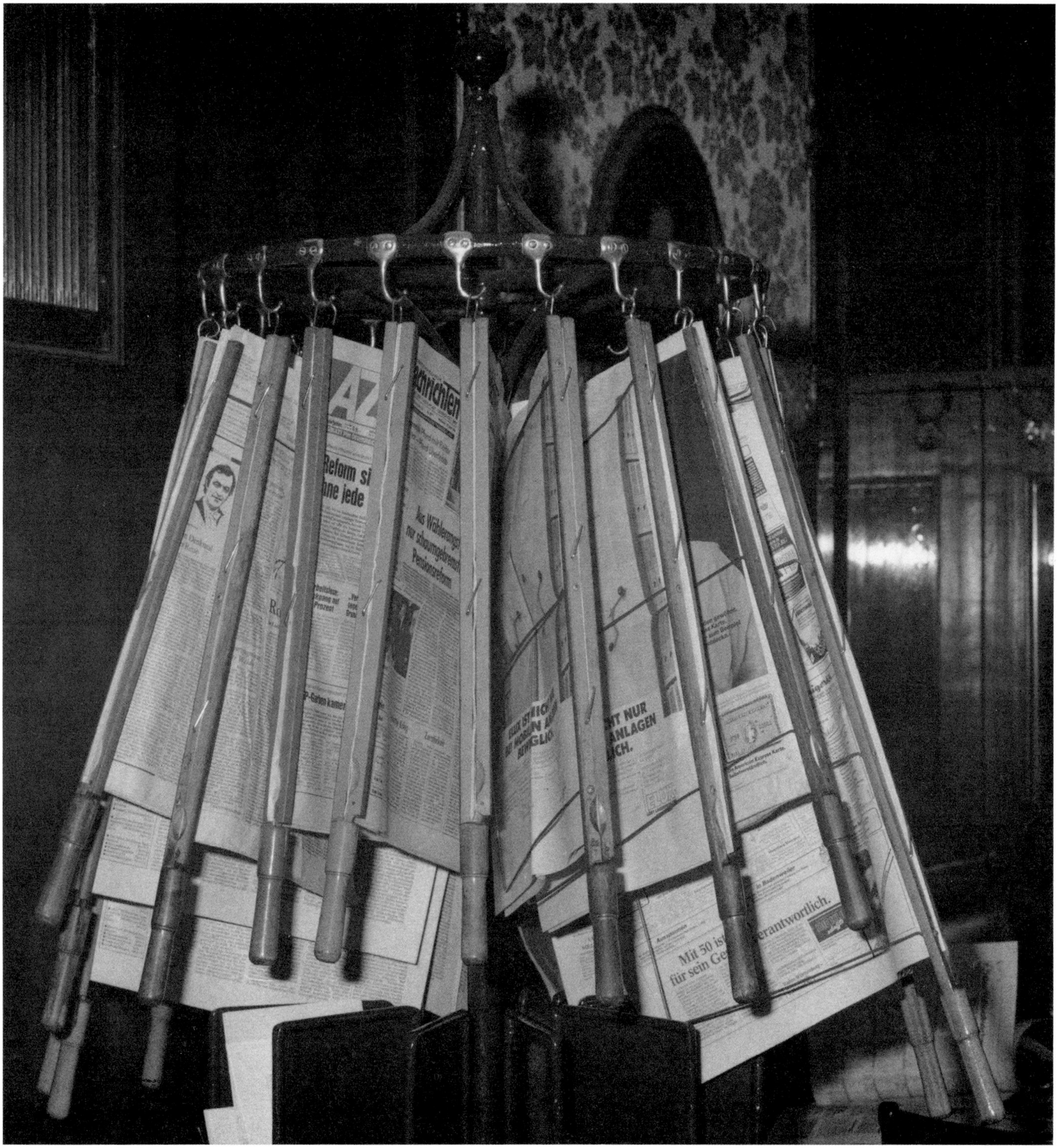

Tomaselli

Tomaselli

Tomaselli

Tomaselli

Tomaselli

Tomaselli

Tomaselli

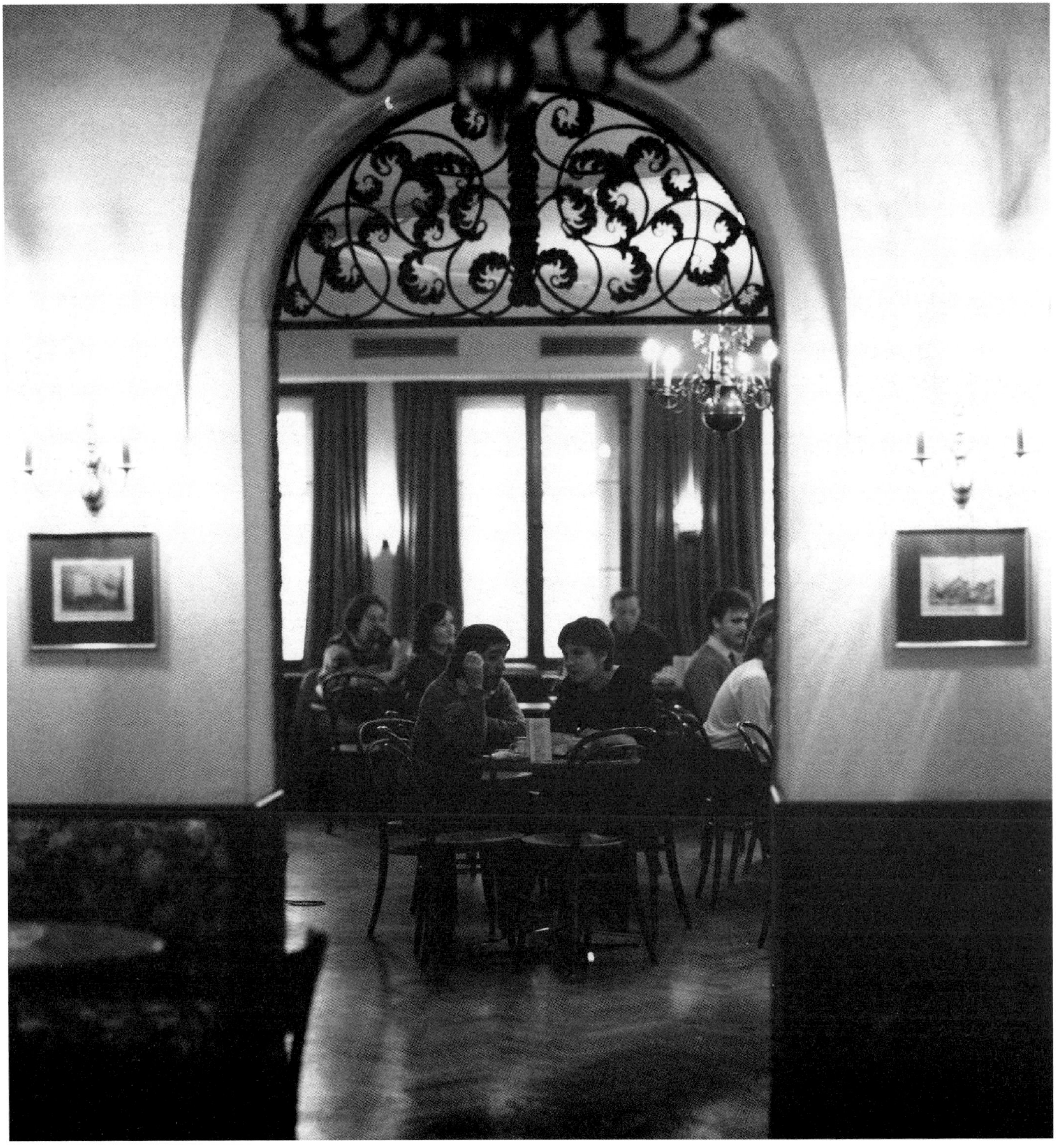

Mozart

Tomaselli

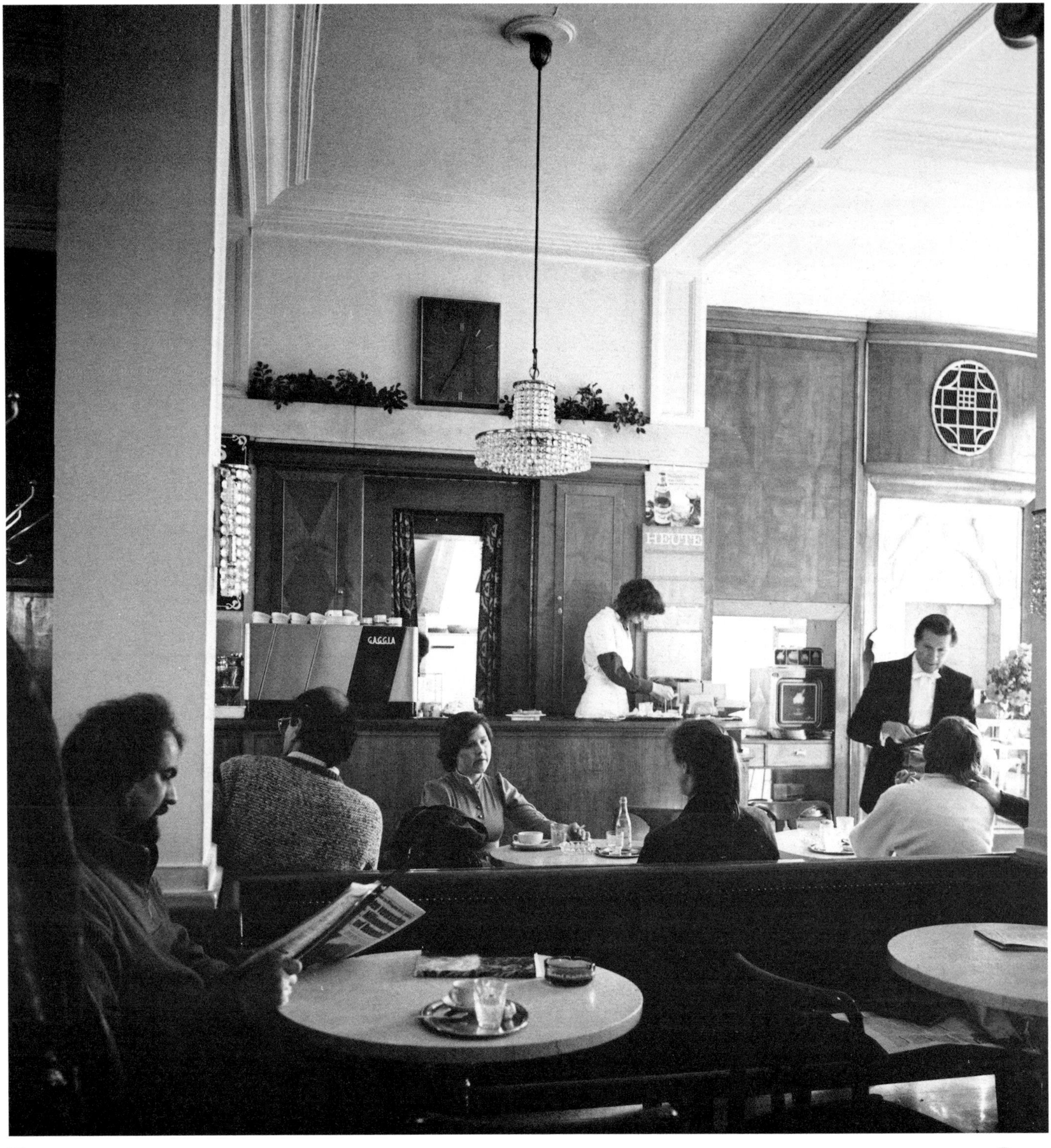

Bazar

Bazar

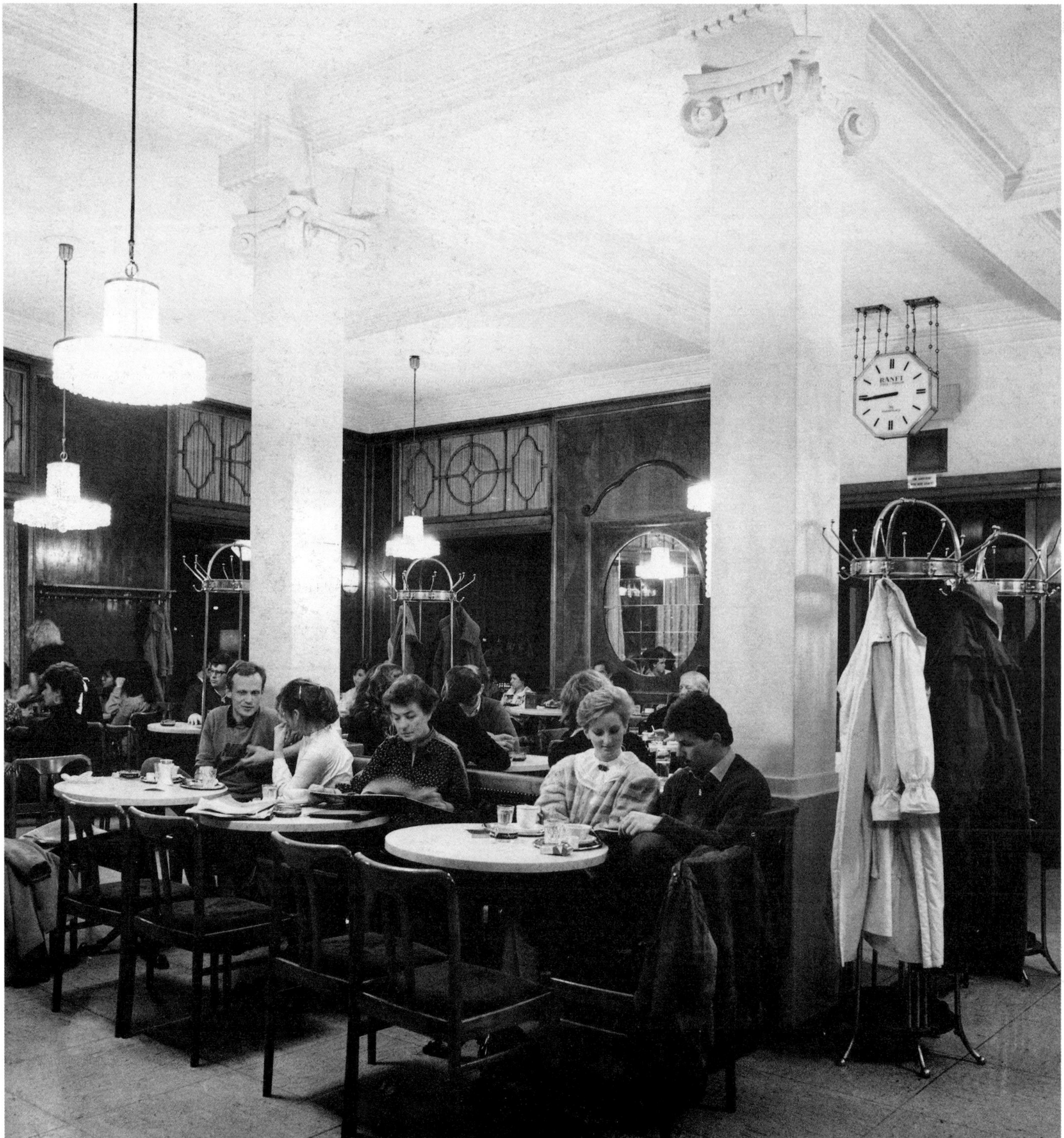

Bazar

Bazar

Bazar

Glockenspiel

Bazar

Bazar

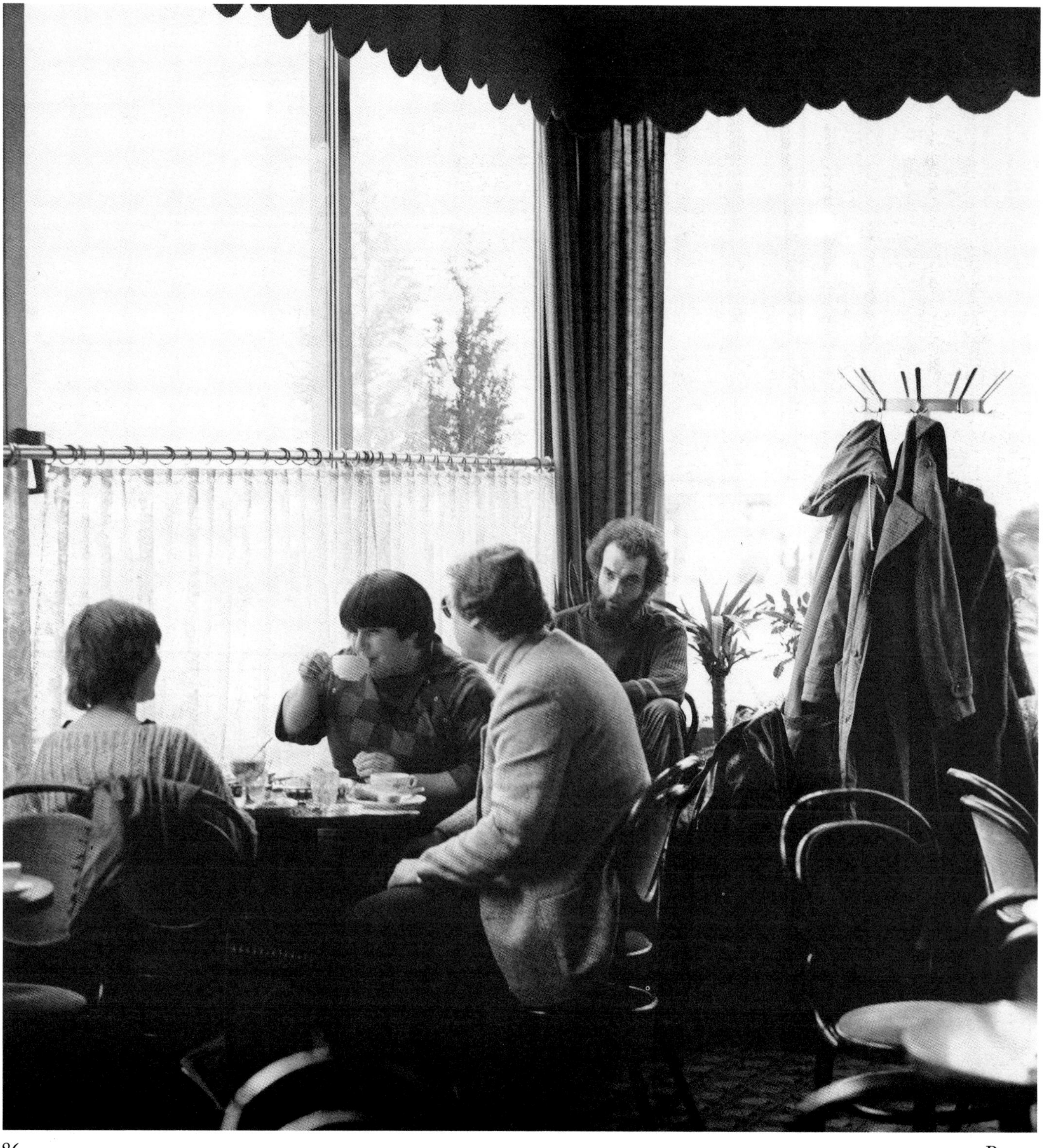

Bazar

Bazar

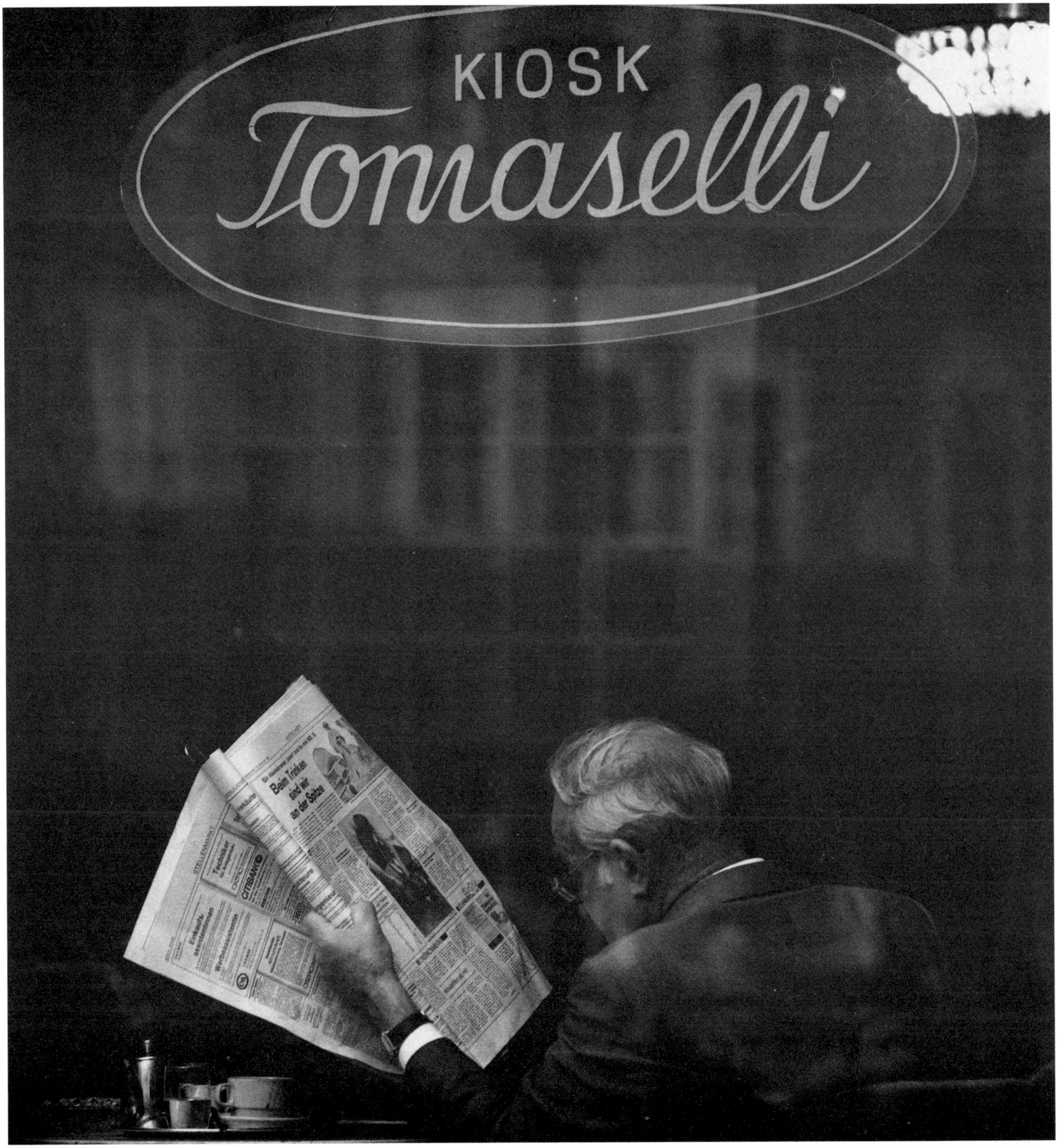

Tomaselli

Bazar

Tomaselli

Bazar

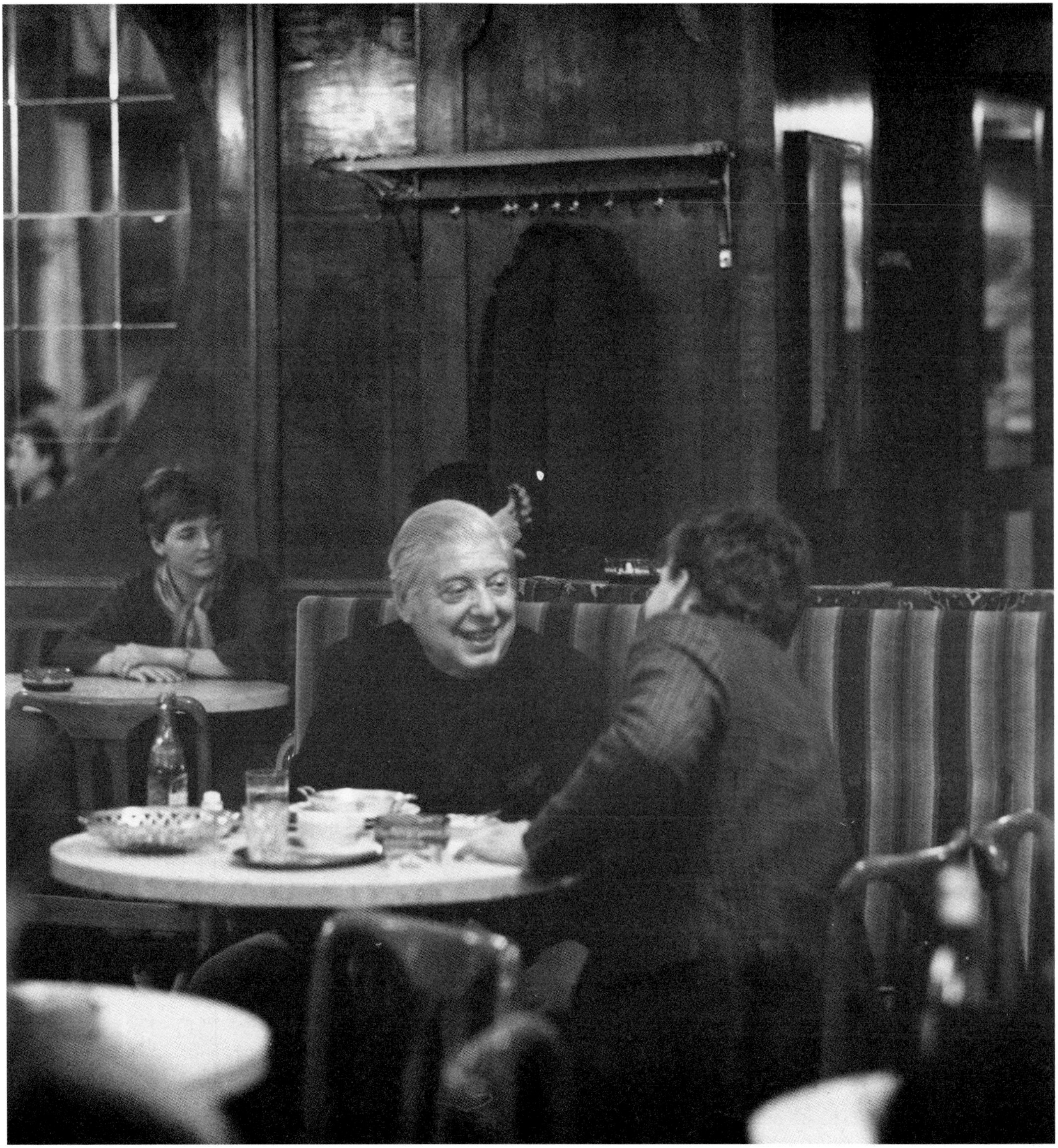

Bazar

Bazar

Bazar

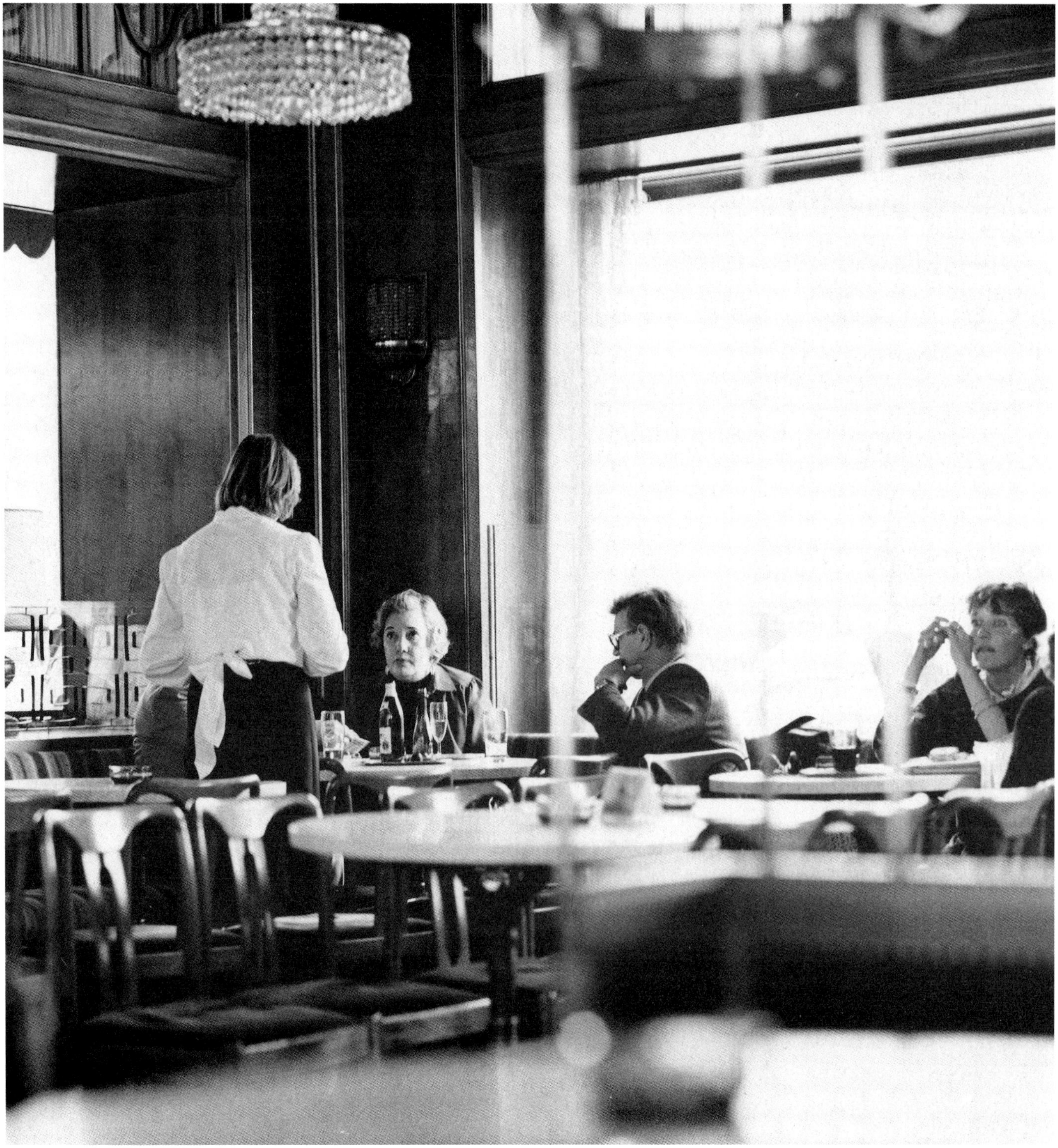

Bazar

Bazar

Bazar

Bazar

Mozart

Tomaselli

Bazar

Bazar

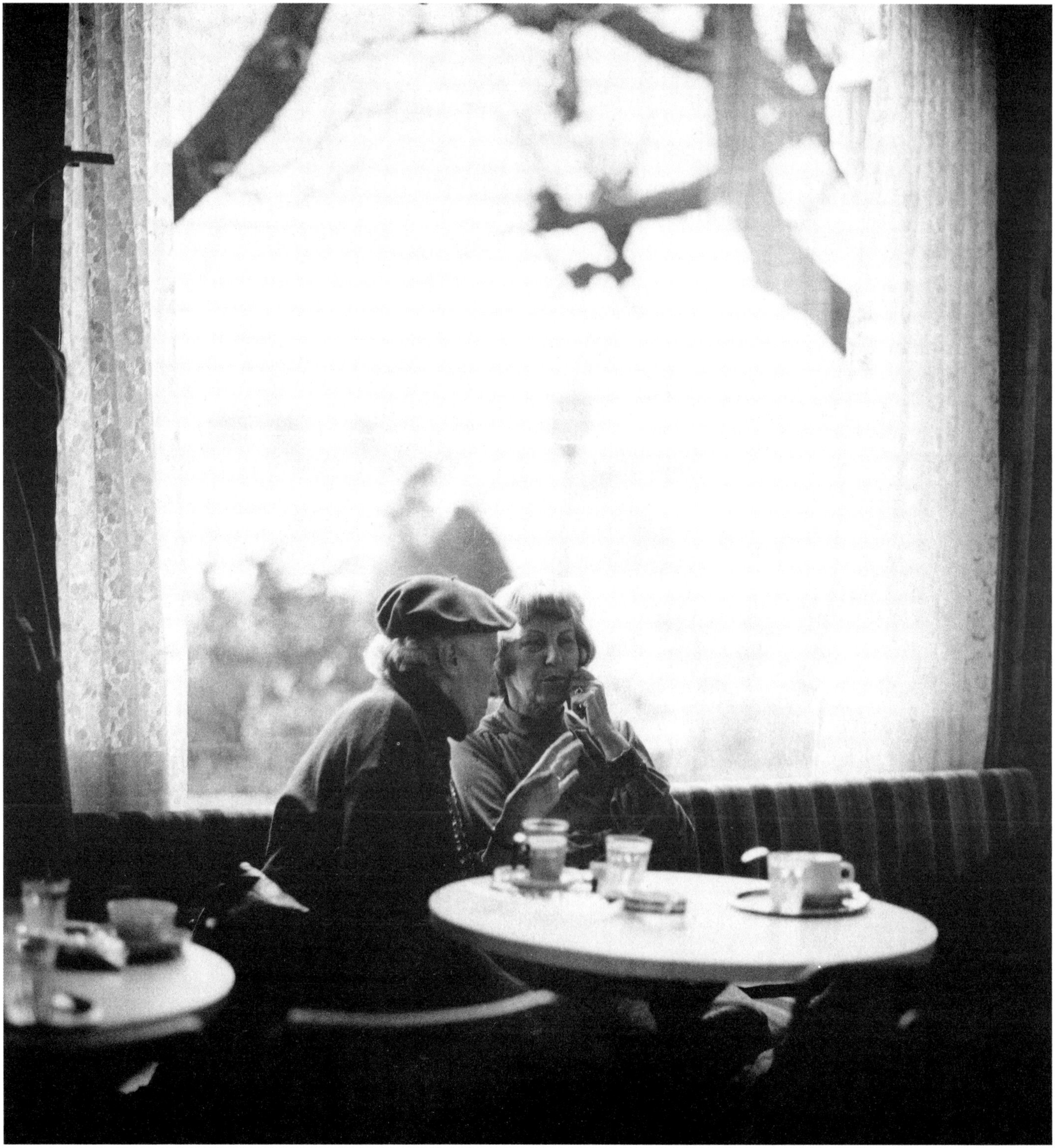

Bazar

Bazar

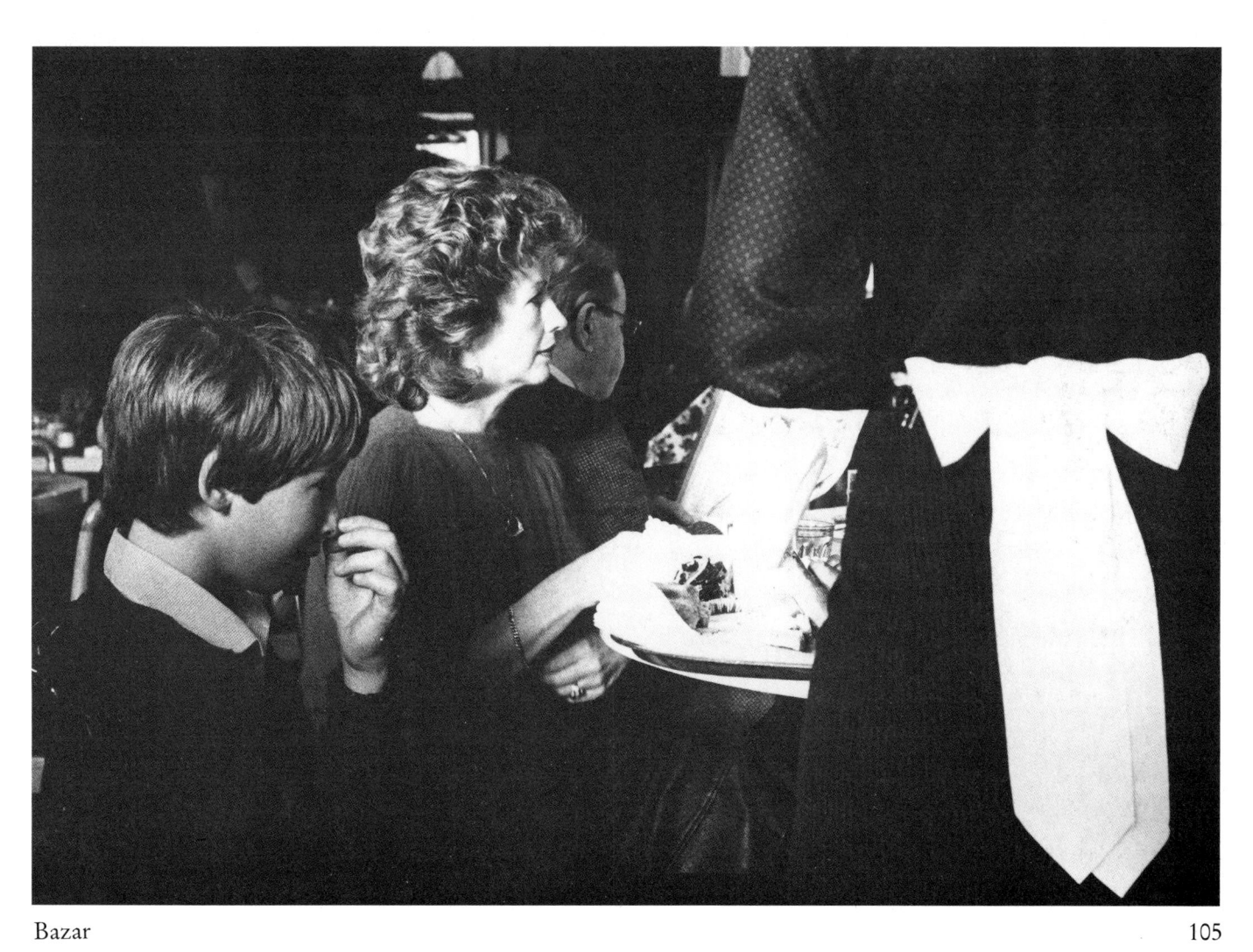

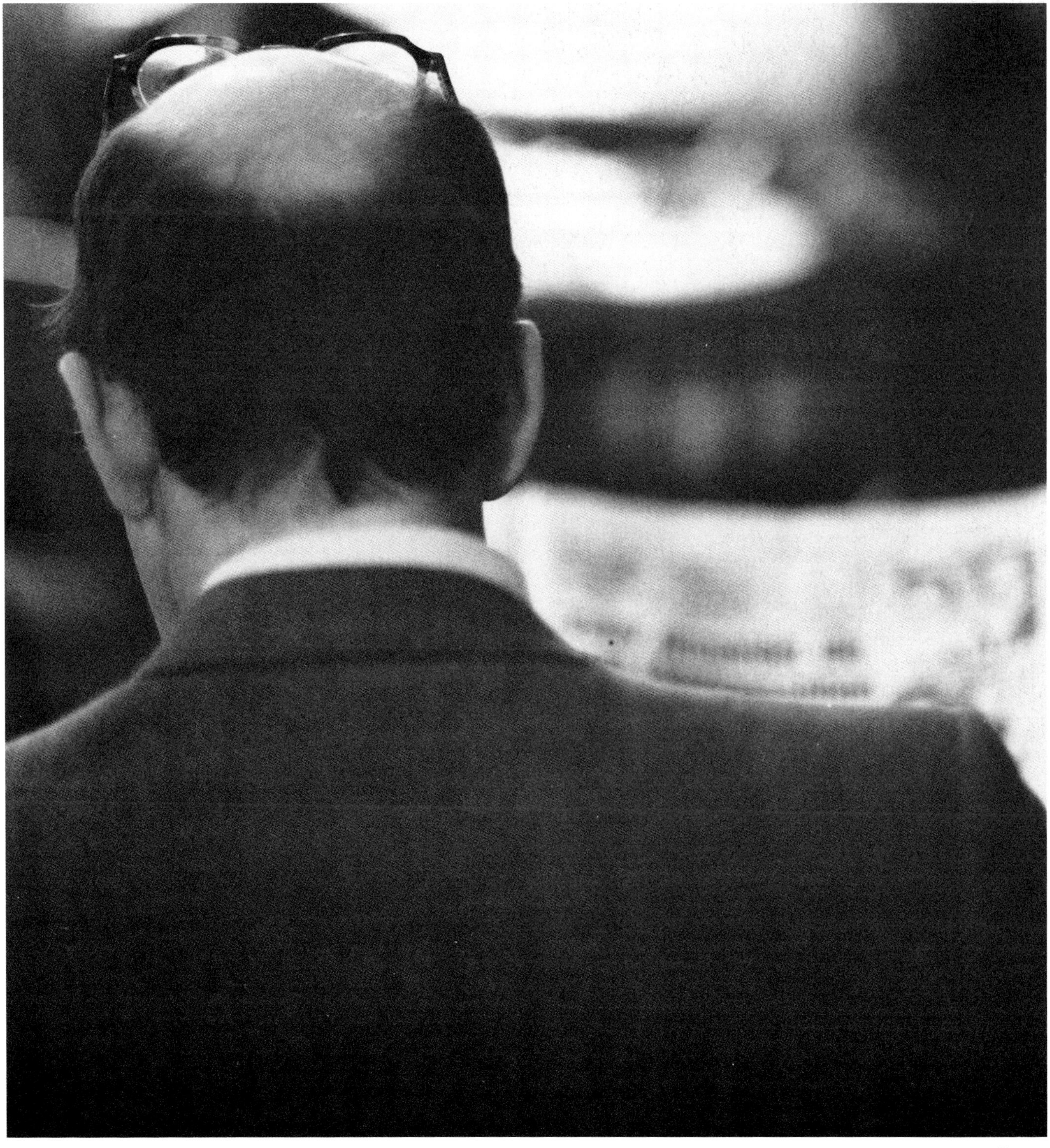

Tomaselli

Mozart

Mozart

Mozart

Mozart

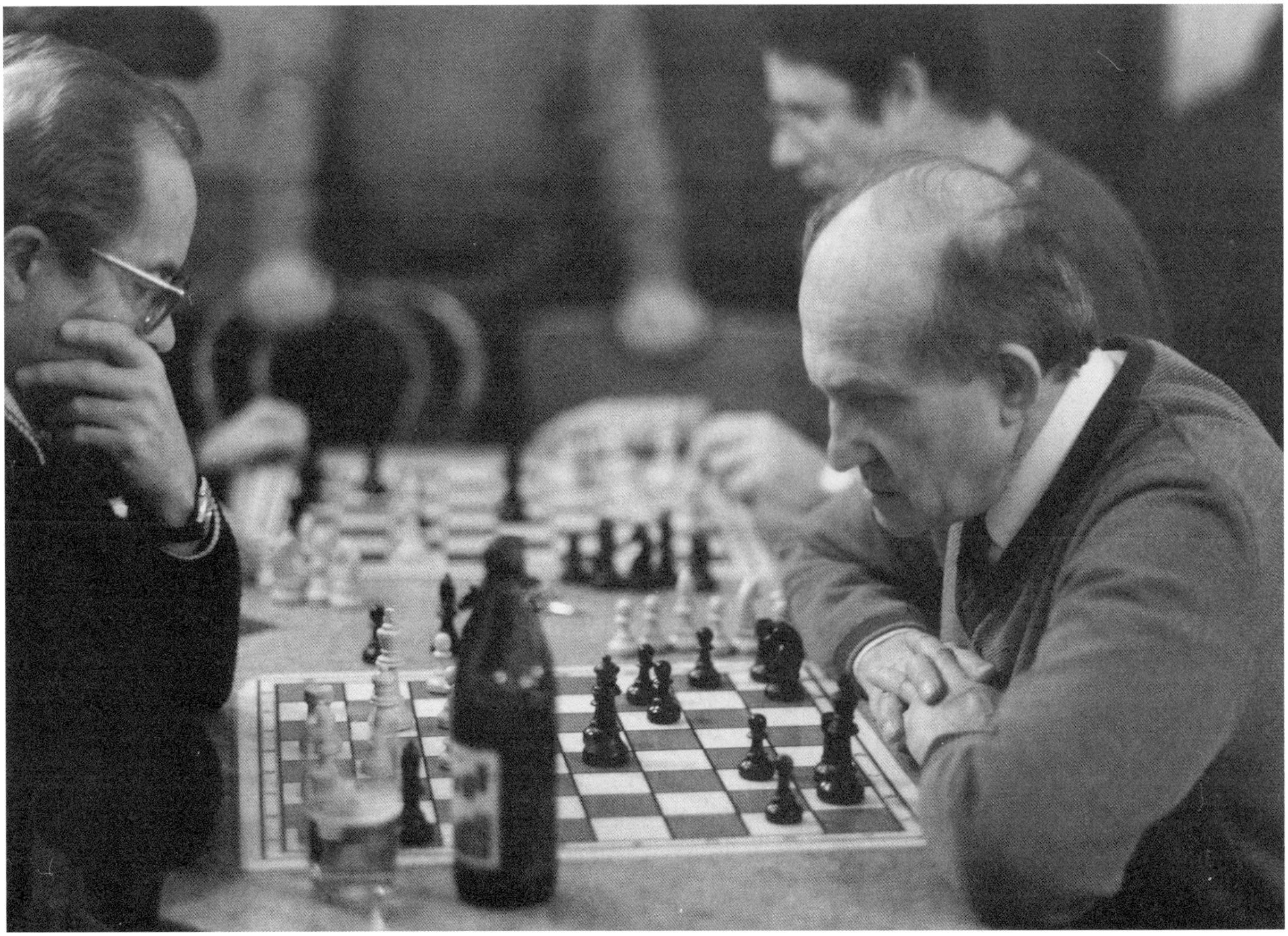

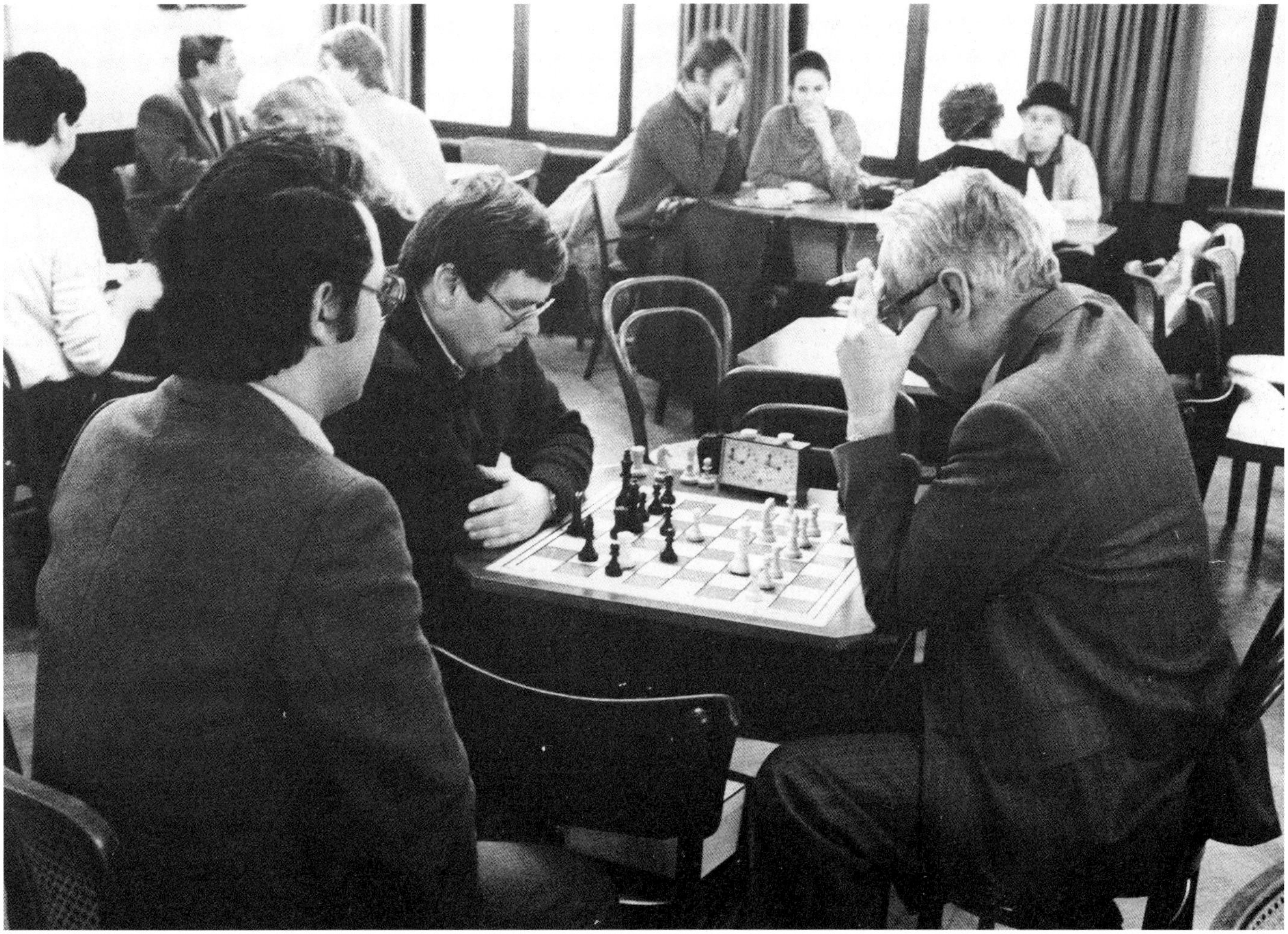

Mozart

Mozart

Glockenspiel –
jetzt Tabakmuseum, Wien

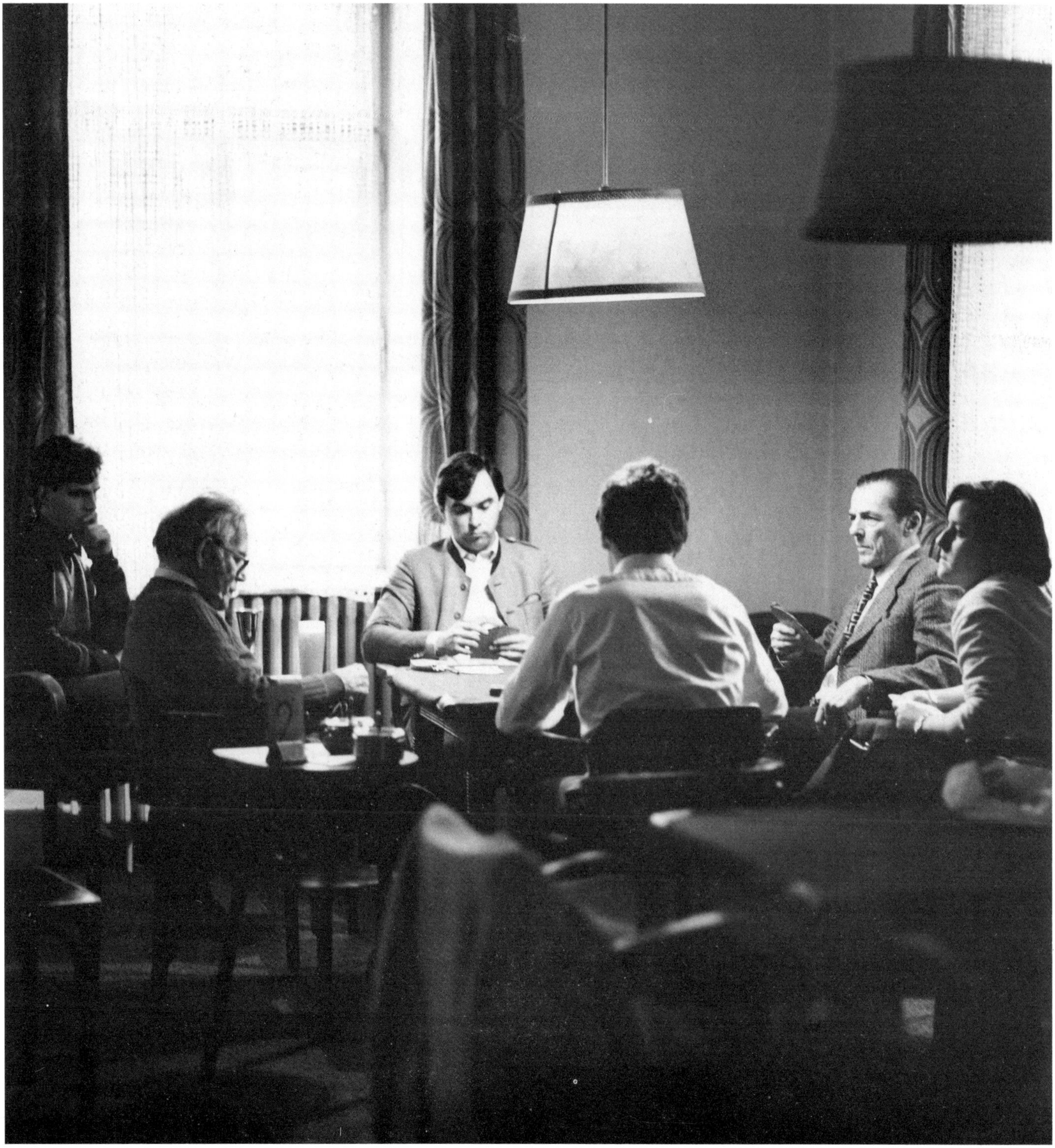

Bazar

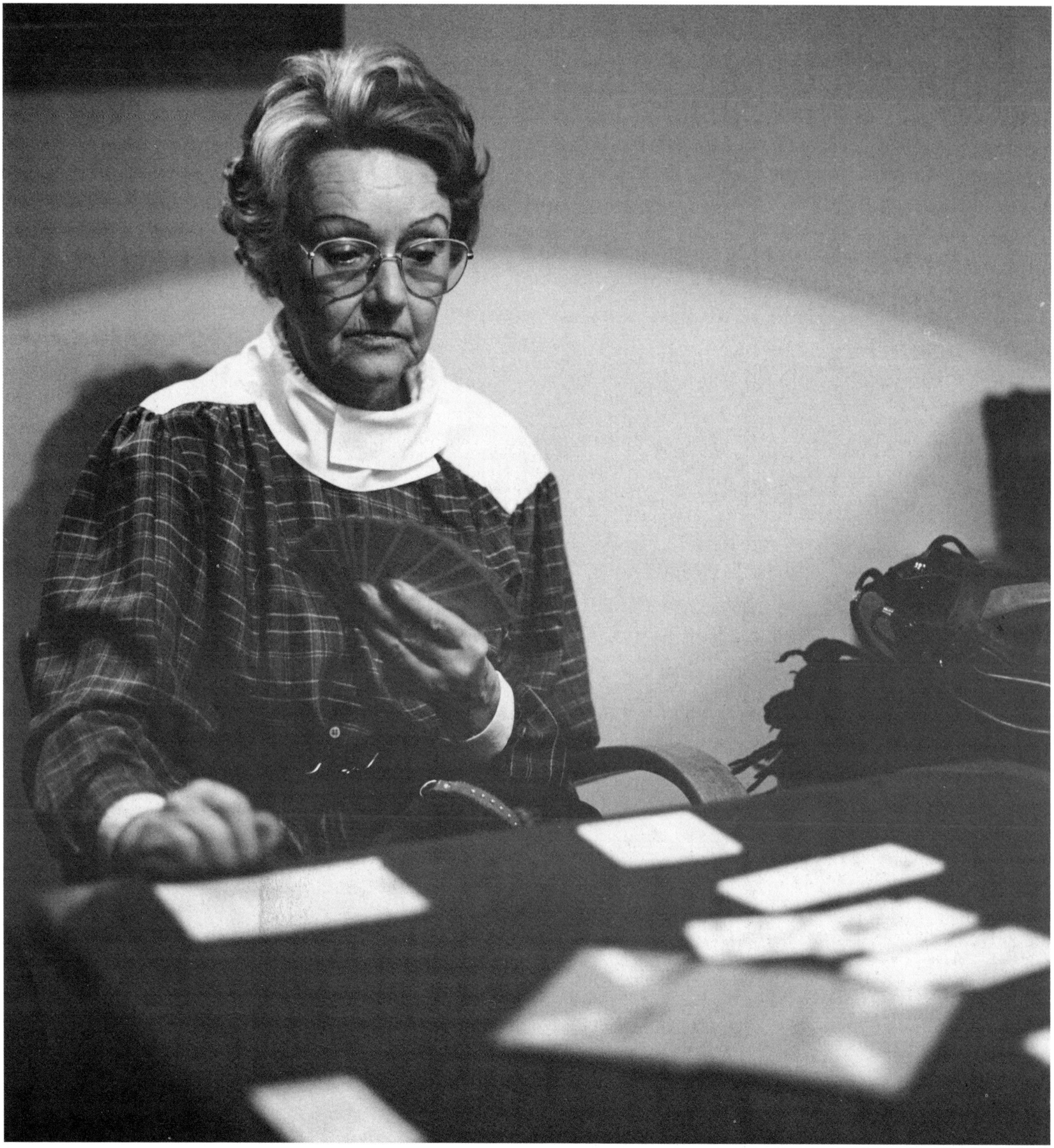

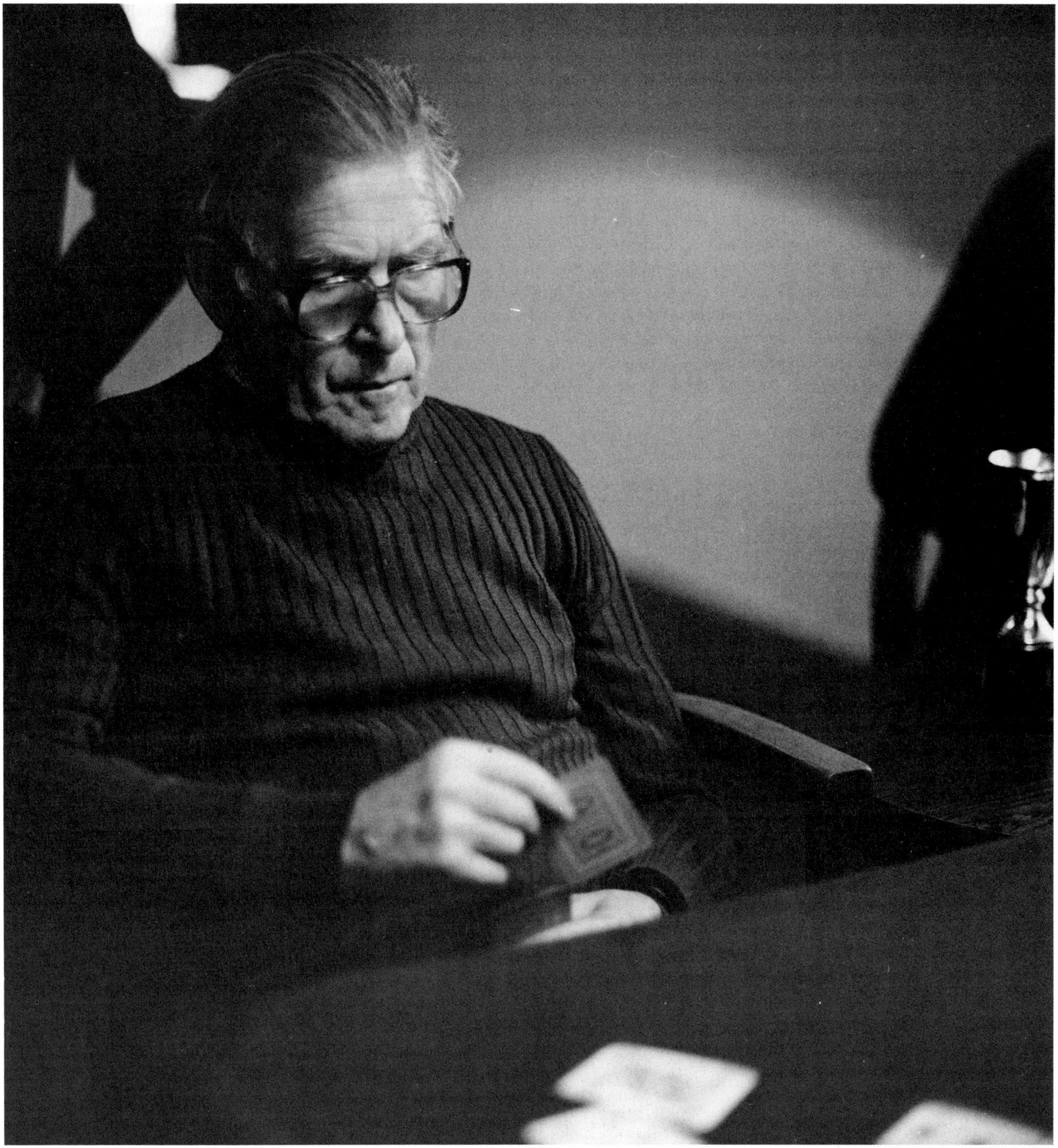

Bazar

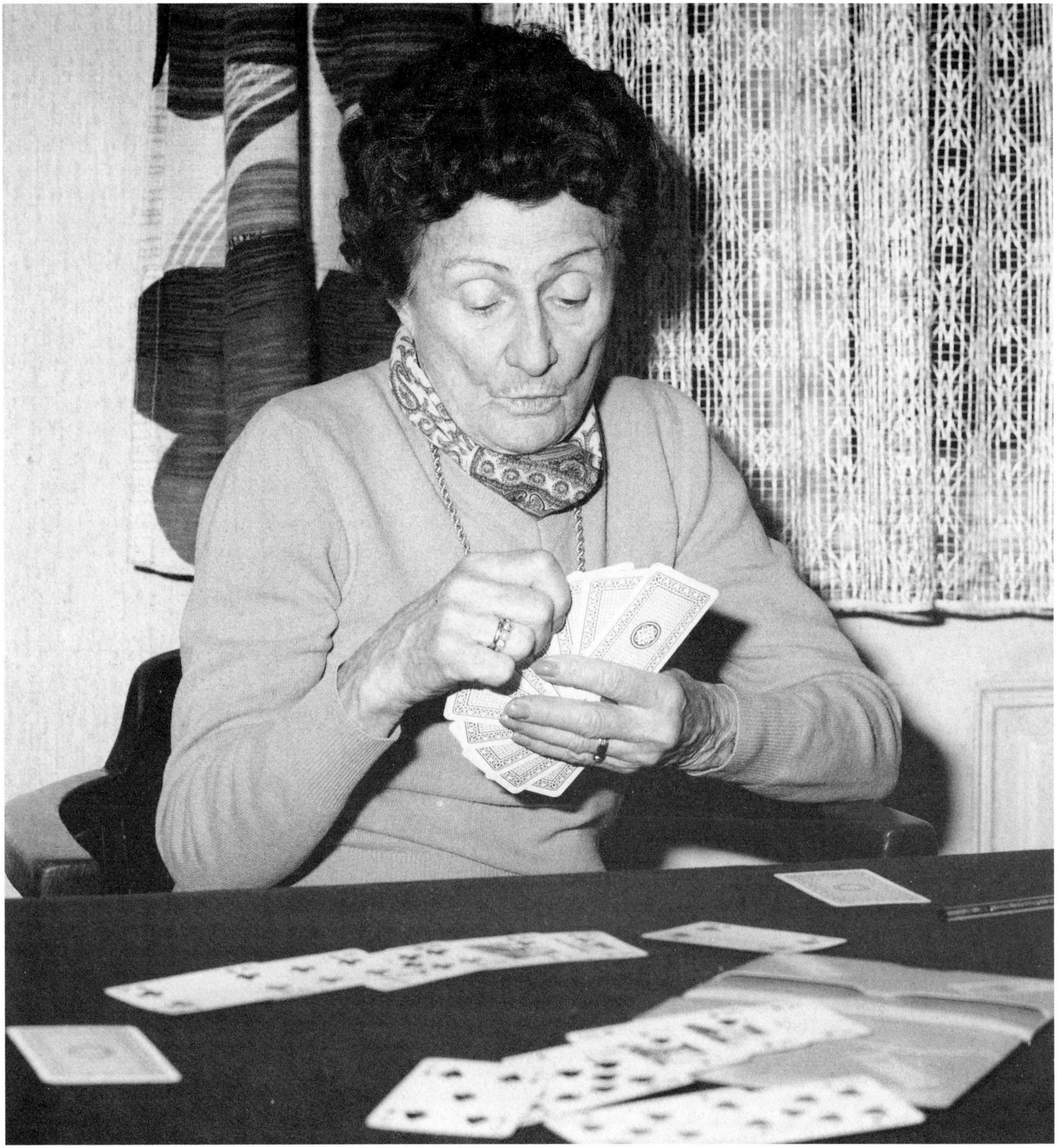

Bazar

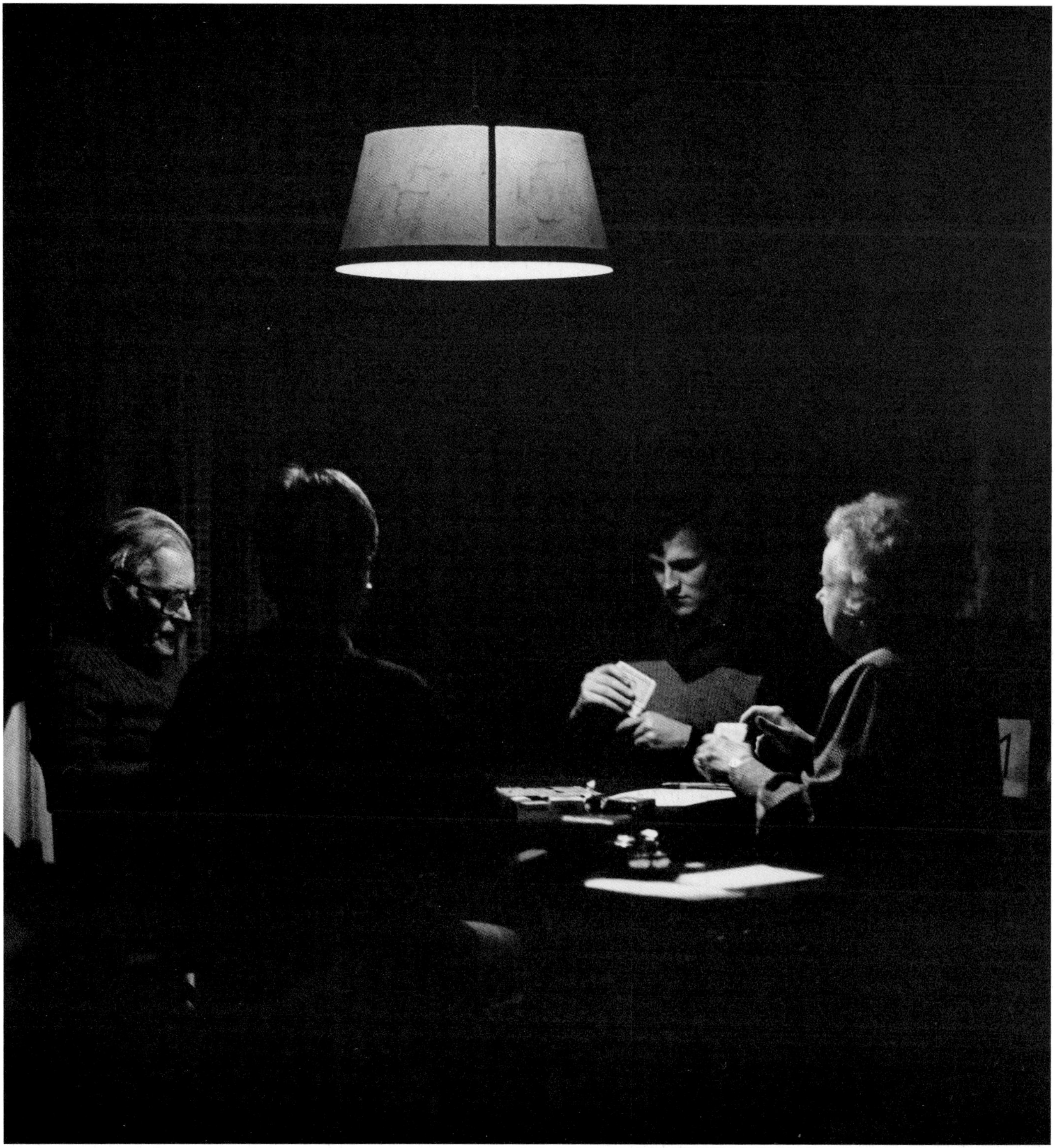

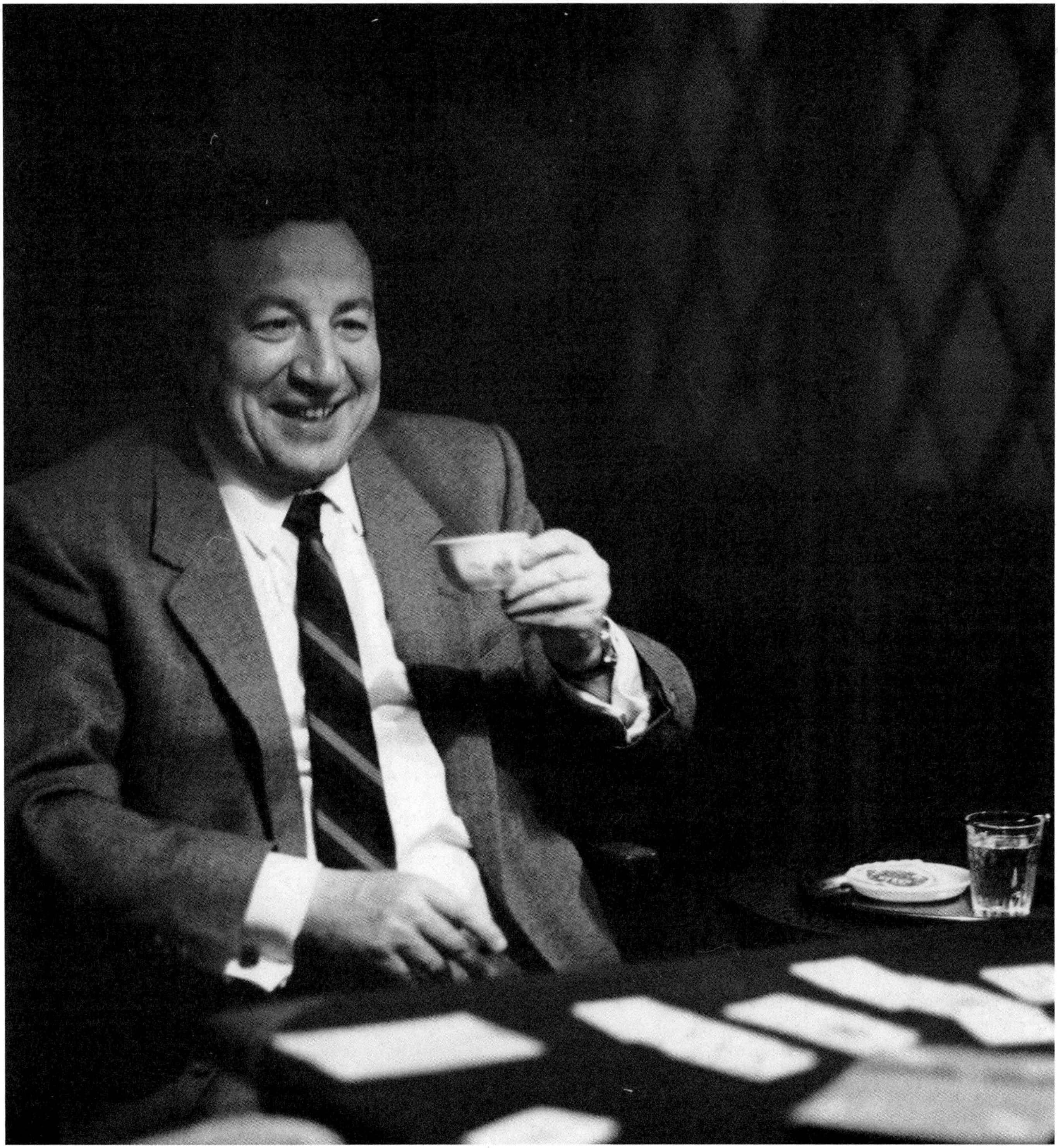

Bazar

Tomaselli

Tomaselli

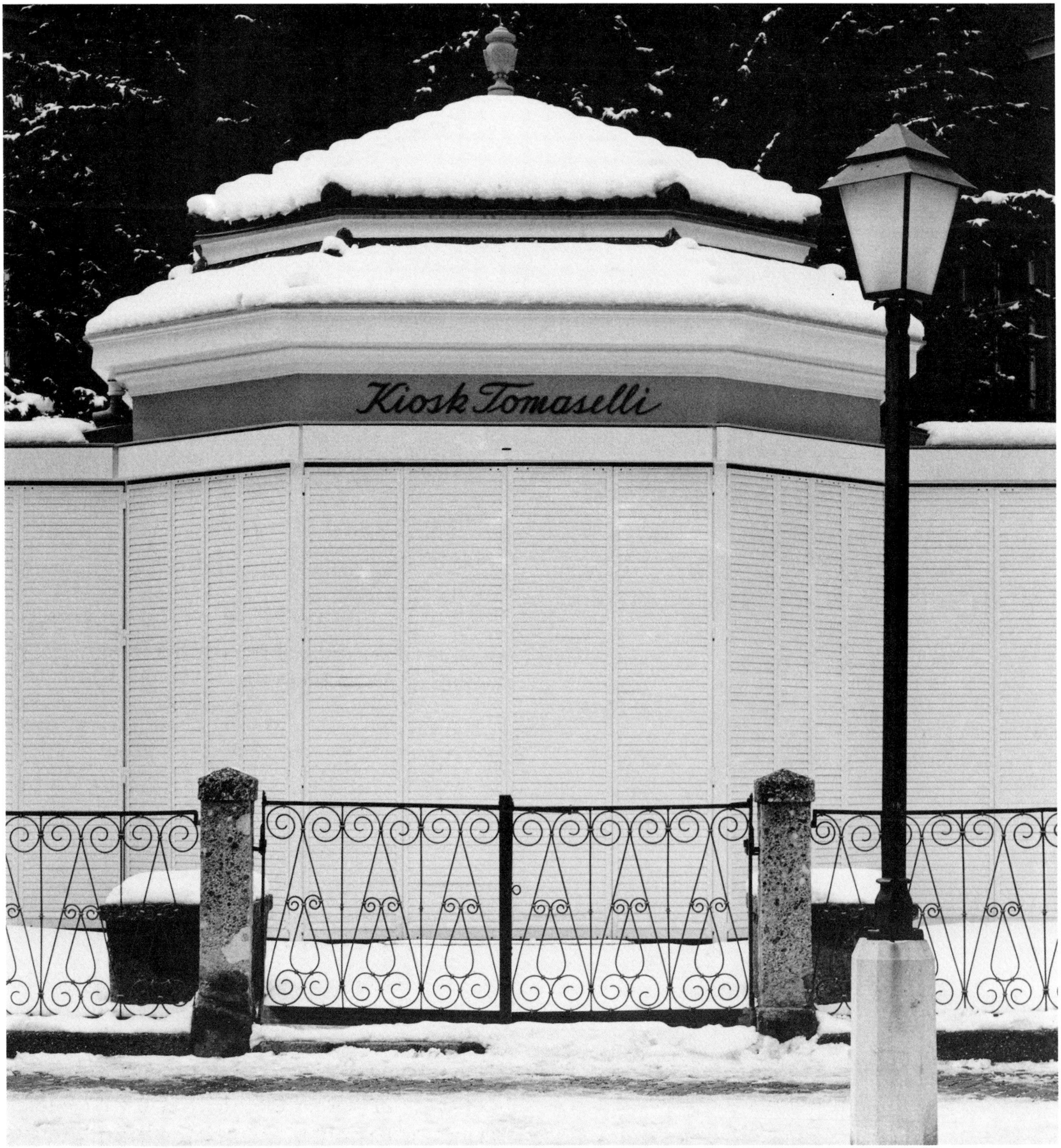

Tomaselli

Die wichtigsten Kaffee-Spezialitäten im Österreichischen Kaffeehaus

Kleiner oder großer Brauner: Kaffee mit Obers oder Milch.
Doppelmokka: Mokka in großer Schale.
Einspänner: Kaffee im Henkelglas, mit viel Schlagobers und mit Staubzucker serviert.
Espresso: Kaffee aus der Espressomaschine.
Fiaker: Schwarzer Kaffee in Wasserglas oder Schale, mit Kirschwasser oder Rum mit Kirsch „verfeinert".
Häferlkaffee: 4–5 KL Kaffee werden zugleich mit ¼ l kaltem Wasser zum Kochen gebracht, vom Feuer genommen und zugedeckt fünf Minuten ziehen lassen. Dann abgeseiht und mit heißer Milch serviert.
Kaffee Creme: Ein Kanderl (Kännchen) Kaffee und ein Kanderl Obers.
Kaffee Filter: Filtrierter Kaffee.
Kaffee verkehrt: Kaffee mit mehr Milch als Kaffee.
Kaiser-Melange: Kaffee mit frischem Eidotter (anstelle von Milch) verrührt; ein Brauch, der wahrscheinlich von den Mexikanern übernommen worden sein dürfte,

wobei zum Süßen nicht Zucker, sondern Honig genommen wird. Übrigens ein Muntermacher nach längeren Nächten.

Kapuziner: Kleiner Schwarzer mit wenig Obers.

Kurzer: Ein mit wenig Wasser zubereiteter Espresso.

Mazagran: Kalter, doppelt starker Mokka mit Eiswürfel, mit Zuckersirup und Maraschino sowie einem Spritzer Angostura verrührt und mit einem Hauch Nelkenpulver parfümiert.

Melange: Schale Kaffee mit heißer Milch. Der Kenner sagt dazu noch hell oder dunkel = mehr oder weniger Milch, und „ohne" oder „mit" = ohne oder mit Schlagobers.

Mokka: Siehe Schwarzer.

Mokka gespritzt: Mokka mit einem Schuß Rum oder Weinbrand.

Obers gespritzt: Glas Schlagobers mit einem Schuß Kaffee.

Piccolo: Kleiner Schwarzer, mit oder ohne Obers (allerdings in einer etwas größeren Mokkatasse).

Schale Gold: Kaffee mit Obers so vermischt, daß er eine goldbraune Farbe aufweist (heller als der Braune).

Schwarzer: Starker Kaffee ohne Milch.

Teeschale: Kaffee mit Milch, in Teeschale serviert.

Teeschale Obers gespritzt: Schale Milch mit ganz wenig Kaffee.

Türkischer: Feinstgemahlener Kaffee mit Zucker und Wasser im Kupferkännchen aufgekocht (original im Aschenbett, damit der Kaffee schön langsam zieht) und samt dem Kaffeesatz in Mokkaschälchen gegossen.

Verlängerter: Ein mit mehr Wasser zubereiteter Espresso.

Wiener Eiskaffee: Kalter Kaffee mit Vanilleeis in hohem Glas, mit Schlagobershaube und Staubzucker.

Fritz Schuh
8.VI.34.

1.9.1936

Le roi s'amuse
König Eduard im „Café Bazar"
Auch Kronprinz Humbert in Salzburg

Salzburg. (Eigener Bericht des »Montags.) Samstag Abend um 23.03 Uhr traf Prinz Umberto ein. Er wurde vom Bundeskanzler Schuschnigg begrüsst und stieg in »Hotel Europe« ab. Am Sonntag morgen war das Interesse der Bevölkerung völlig auf den italienischen Fürstenbesuch konzentriert, als plötzlich um 10.29 Uhr mit dem Orientexpress der englische König Edward VIII. eintraf. Er stieg in bellgrauem A...

In Salzburg hat der Fürstenbesuch selbstverständlich grösstes Aufsehen verursacht. Die ganze Stadt beflaggte sich festlich, denn es war verboten, die Pressefotografen hatten es nicht leicht, den König zu knipsen. Als einige Fotografen den König durch die Scheiben des Cafés aufnehmen wollten, wurden sie daran gehindert.
Prinz Umberto wohnte am Nachmittag der Aufführung von „Jedermann"

Wallis Windsor

Edward
Duke of Windsor VIII-17-56

[signature]

(Nicht in Gesellschaft dieses Herrn) 19.VI.58.

Otto Klemperer

Bruno Walter
Salzburg, August 1949

Hans Knappertsbusch

[signature]
5.8.48.

Siegfried Wagner

Max Reinhardt.
29. August. 27.

22.4.28

Leopold Kohr